U0015010

敦煌學概論

姜亮夫　著

香港中和出版有限公司
www.hkopenpage.com

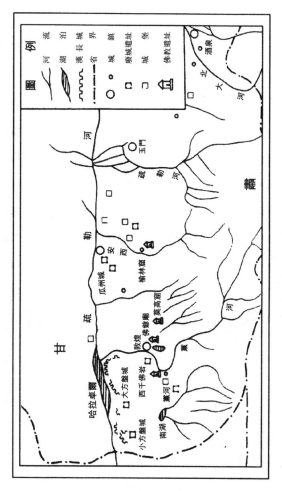

敦煌附近地圖

前　言

柴劍虹

　　1900 年 6 月 22 日敦煌莫高窟藏經洞的重新面世，石破天驚，舉世矚目。隨即，因藏經洞大量珍貴古代寫本流失海外，一門代表「世界學術新潮流」的敦煌學迅速形成，而迎立潮頭的國內學者卻寥若晨星；至於遠赴歐洲尋訪敦煌寫卷的僅數人而已，之中就有姜亮夫先生。姜老晚年，曾幾次同我談起他 20 世紀 30 年代在法國國家圖書館抄寫敦煌卷子的情景，大約可以用八個字來形容：含辛茹苦，廢寢忘食。他是自費去的，在巴黎這個「世界藝術之都」裡，自甘寂寞，遠離塵囂，捨棄一切消閒，伏案埋首於故紙堆中，不僅要節衣縮食，費神傷目，而且放棄了獲得博士學位的機會。20 世紀 90 年代初，姜老的視力已經衰減到只能勉強辨認眼前的指影，但每當他對我講起在歐洲的辛勞，便雙目炯然有光，流露出無悔無怨的剛毅神色。

　　在我國老一輩的敦煌學家中，姜亮夫先生不僅是第一位撰寫普及敦煌文化與敦煌學知識讀物的名家（這有 1956 年出版的《敦煌——偉大的文化寶藏》一書為證），也是第一位在高校開辦敦煌學講習班的大師，這本《敦煌學概論》就是根據他在 1983 年的講課錄音整理而成的。《敦煌學概論》是我國第一本講述敦煌學的簡明教材。姜亮夫先生以自己走上研治敦煌學的親身經歷與感受入題，娓娓道來，飽含愛國主義的情感與對年輕一代的熱切期望，推本溯源，深入淺出，從影響人類歷史發展的高度來評述敦煌學在中國乃至世界文化史上的價值，又言簡意賅地介紹了敦煌文獻與藝術品的豐富內容，講授了如何研究敦煌寫卷的方法。一本不足八萬字的小書，其內涵之豐富，學問之廣博，感情之充沛，均非一般的高頭講章之所能及，也絕不亞於一些皇皇巨著。在某種意義上可以說，這本小書是姜先生一生教學與研究敦煌學的結晶，也是他治學精神與人格魅力的集中體現。姜老生前最關心的一件事，就是傳統文化的普及工作。他對普及敦煌文化與敦煌學知識高度重視並身體力行，為此傾注了大量心血，反映了他的遠見卓識。因為沒有普及，提高便失去了堅實的基礎；沒有普及，人才的培育就缺乏充沛的營養。姜老開設敦煌學的講習班，撰寫

普及性的讀物與教材，既開了我國高校培養敦煌學專門人才的先河，也是讓更多的學人感受「世界學術新潮流」的有益嘗試，這在敦煌學史上是值得大書一筆的。

我常常感慨遠隔萬里的浙江與敦煌之間的緣分。姜老是雲南昭通人，青年時代北上求學，又遠赴歐洲尋訪國寶，後歸國任教，飽受顛沛流離之苦，最後定教席於杭州大學。於是，浙江學子有幸，能在一位大師的諄諄教誨下耕耘楚辭學、敦煌學、語言學的園地，培養出了數代學術精英。我自小生長在西子湖畔，算是地地道道的杭州人，而且與姜老的愛女姜昆武還是「杭高」同級學友，但因 1961 年到北京師範大學學習，畢業後又到新疆任教，無緣涉足姜老門牆；然而，我既與大西北有緣，亦與敦煌有緣，終於得以在姜老晚年多次親聆大師的教誨。尤其讓我難以忘懷的是，姜老在病榻上和我談得最多的話題，就是如何為年輕學子創造更多更好的學習進修條件，去完成老一輩想做而未能做成、做好的課題。

1983 年 8 月，中國敦煌吐魯番學會在蘭州成立後，根據包括姜老在內的著名學者的建議，中央批給學會一筆經費，用以開展敦煌學的資料整理、學科建設與成果出版。當時學會專門撥了幾萬元錢，作為姜老敦煌學著作的出版

補貼。可是，姜老一直捨不得用，想用來扶植青年人。有一次，姜老針對杭大古籍所裡有的負責人與年輕教師鬧矛盾的事，動情地對我講：「對青年人要發揮他們的長處，真心地培養他們。如某某人，有發展前途，就應該給他創造機會，比如送他出國去進修。研究中國古代語言的，不光是懂俗語詞，有條件還要多學外語，學習古印度的梵文，學習古代西域那些少數民族語言，我們的敦煌學研究才能彌補空白，老一輩未做成的事才能做好。」當時，出於對姜老健康的關心，教育部的一位領導曾勸他「垂簾不聽政」。他跟我說：「這我恐怕做不到。」確實，他一直在過問、關切所裡的事，絕非為了被有些人看重的權力，而是為了教學與研究的順利進行，為了年輕人的健康成長。1994 年夏，杭大幾位青年教師陪我到浙江醫院去探望姜老，當時他已不能說話，恐怕眼睛也看不見我們，可一聽見我們的聲音，馬上露出笑容，並伸出手來和我們緊緊相握，表達了他對後輩的關愛與期望。

斯人已逝，事業長存。我想，這本《敦煌學概論》再次推出，也是對姜亮夫先生最好的一個紀念。十八年前《敦煌學概論》在中華書局初版時，我有幸擔任此書的責任編輯，這大概是今天北京出版社的同行委託我寫這篇「前言」的一

個原因。八年前姜老仙逝時，我曾趕回杭州為他送行，當時很想寫一些悼念的文字，卻久久不能下筆。去年召開紀念姜老百歲誕辰的學術研討會，我寫了一篇重新閱讀《敦煌——偉大的文化寶藏》體會的文章，終覺得言猶未盡。這篇「前言」，就算是一點補充吧。

2003 年 11 月 22 日

目　錄

第一講　我與敦煌學

　　我是從一無所知慢慢走到喜愛敦煌學的，其間經歷，相當艱苦，許多條件不允許我做得很痛快，是輾轉地想着法子，拼拼湊湊地把這個工作做下去的。現在想起這段經歷來，一面覺得有些不舒服，另一面卻又感到非常高興：因為在條件如此不充足的情況下，居然讓我做成了一些事。

　　敦煌學之所以吸引了我，與我的興趣及我的家庭教育和老師教育有關。近年來，我有一個關於教育的設想：就是一個做科研工作的人一定要同他自身的一切條件相配合。條件有兩種：一種是生理條件，一種是社會環境。譬如一個人記憶力很好，他可能搞歷史；另一個人理解力很強，他就適於搞哲學或自然科學。所以，一個人生理上的特點，與他的前途、成就，有很大的關係。在此，我想講講自己生理上的優劣。老師、親友往往說我的天賦是比較強硬的，但是，我

自己覺得是一個很遲鈍的人。也因為遲鈍，才引出幾件事情來。其一是我一輩子不做欺騙人的事情，一輩子讀書都是規規矩矩，老老實實，從頭做起，不敢偷懶的，也就是說自己知道廉恥。孔子曰：知恥近乎勇。因此，我在學術研究道路上，就有一種毫不為人所難的脾氣。30年代，在很艱難的條件下，靠教書積攢起來的幾個錢，到歐洲去。假如沒有這個戇脾氣，我自然也不會鑽進敦煌學，因為那個時候，我沒有地位和經濟支持。等我到了巴黎，看過幾十個博物館以後，才下決心把我國文物搞回來。為此，我連從巴黎大學得博士學位的機會也放棄了，聽從王重民先生的話，加入他們的行列。這個行列，當時在歐洲只有三個人：王重民、向達和我。他倆是以公費到歐洲去的，我卻是自費的。因此，我奮鬥的範圍是比較小的，王重民先生分我搞漢語音韻，我自己稍微擴大了一點，也搞儒家經典、道家經典等卷子。假如我不是戇頭戇腦的話，哪個不想得個博士學位歸國呢！生性使我這樣。另一方面是家庭和老師的教育。我父親是雲南東部昭通十二州縣光復時的領導人之一，年輕時，就接受梁任公、章太炎先生的影響，是非常愛國的人。他平常教我愛國思想，從小就要我讀格致教科書等科學知識的書。總結父親給我的影響，主要是這兩方面。有一回，我躲在稻草堆下看《紅樓

夢》，被父親發現了。他啟發我：孩兒，你要看《紅樓夢》，是怎麼看的？講給我聽聽。我怎麼講得出來，不過是看故事嘛！父親就說：裡邊的人仔細看看，到底有哪些人？你給我找出分別來。我得了這個題目，《紅樓夢》是仔仔細細地看過的。所以，現在還稍稍有點《紅樓夢》的知識，雖然，從那以後，我不看了，從中學畢業到考上大學，再也沒有看過。我想我的情況對大家會有所啟發的，所以，希望大家了解自己，首先了解自己應該走甚麼路。譬如搞敦煌學吧，有的人對搞佛教經典有興趣，有的人對搞儒家經典有興趣，有的人可能有興趣搞歷史，也有的人想搞藝術，等等，因人而異。你們對於自己的思想、生活及性情脾氣有個了解以後，走起路來是輕快的，是能夠堅持到底的。不然的話，見異思遷就完了。我父親有一件事情使我非常感動，他喜歡文天祥的《正氣歌》，幾乎每年都要寫一次，並且都寫成大的條屏，可以在牆上掛的。所以，我八歲時就把它背熟，父親給我講解。我一生之所以有一些愛國主義思想，恐怕要數父親的影響來得大。

　　我也有缺點，一生脾氣很戇的，到處和人家不合。解放初，我沒有發表過一篇文章，因為拿出去，人家不歡迎，發表以後要受批評的，所以，就不發表，這是我的缺點。我不

大聯繫群眾，但是，我一生職業是教書，所以，我對青年是熱愛的。為了青年，再大的苦我都吃得，這也是我的脾氣。

我從事敦煌學，也同這脾氣有關。早年在四川讀書，一位老師教我讀詩詞，告訴我朱彊村的《彊村叢書》收的第一種詞集是敦煌發現的，即《雲謠集》曲子詞。從此，我開始知道敦煌有材料，但是，還不懂。後來到北京讀書，王國維先生經常告訴我們：某個東西敦煌卷子裡邊有，你們去看看吧！某個東西敦煌卷子裡邊也有，你們去看看吧！因此，我經常去清華圖書館找敦煌的東西看，從此，產生興趣。及到後來，見了王重民，要我去搞敦煌的音韻卷子，我同意了。抄了許多卷子，拍了許多照片，又看了許多壁畫。伯希和的《敦煌圖錄》給我很大的啟發，在這本書裡，我發現我們整個文化史裡許許多多的東西，突然愛好敦煌藝術了。抗戰期間，我正在四川，他們組織了一個敦煌藝術研究所籌備委員會，請了三個人：向達、常書鴻和我，要我們到敦煌去設計一下。向達和常書鴻去了，我沒有去。向達回來告訴我敦煌藝術的體系是怎麼樣子的，又給我看了許多照片，更激發我對敦煌藝術的愛好。當時，我在四川三台的東北大學教書，由於找不着材料，身邊只有從巴黎拍攝回來的幾百張敦煌卷子的照片。既然不能研究敦煌藝術，就研究敦煌卷子吧！但

是，時刻想念着敦煌藝術。這個時候我在讀五代人的詞，看到許多同敦煌藝術有關係的材料。記得有個學生來問我：《木蘭詞》的「對鏡貼花黃」怎麼個講法？他說：我們看了若干書，都講不出來。我說我從《敦煌圖錄》裡看出來了。原來唐末五代的婦女喜歡剪些花鳥貼在臉上，譬如剪個蝴蝶、牡丹花，甚麼蟲鳥之類，貼在臉上。後來我又在溫庭筠的十八首《菩薩蠻》詞（專講婦女裝飾的）中下工夫，拿敦煌文物來證明溫庭筠的詞，得到了說明。不過，我這個說法多少還是一種感性認識，還沒有落到理性，等到我在三台做了三年多的研究工作，完成了《瀛涯敦煌韻輯》之後，才從感性轉到理性。這裡不單單是讀讀詩詞而已，而是整個敦煌文物都在說明與中國全部文化有關係。因此，我轉而搞歷史，搞音韻學。這個時候，我完成了幾個東西，一個是《瀛涯敦煌韻輯》，一個是敦煌傳記，譬如關於敦煌王的傳記，那時稱陀西王，有兩家：張家和曹家。我給他們作了很詳細的注解，補了《唐書》和《五代史》。還寫了一篇關於敦煌科學家的傳。以上是我從事敦煌學研究的兩個階段，從藝術品慢慢地轉入遺書。到現在為止，我仍然以敦煌卷子為基礎，到底有些甚麼結果，很難說。我也不敢說我取得的一些結果就完全成熟了，現在也還想加深、修訂。

　　把五十年來的成果，一樣一樣地説一説，可能對從事敦煌學研究的同志有些幫助。我的成果大體可以分為兩大類：一類是校錄，即將敦煌卷子拿出來校對並抄錄，有次序有系統地搞；一類是研究。校錄工作往往為研究工作做基礎，根據校錄好的材料進行研究。但是，我的研究工作追不上校錄工作，因此，現在還有不少校錄的東西只能成為校錄，沒有法子進行研究。當然這也是直接與敦煌學有關係的東西。

　　另外，是為敦煌學而做的工具性的東西，譬如我把敦煌所出的佛教經典做了個統計，得了一個結果，對我們將來研究敦煌學可能有用處。

　　我還做了一些敦煌卷子的摘錄。這些東西沒有法子考證，而是為以後研究提供一種方便的。譬如說敦煌卷子有一個尺度：卷子多大、多長，每行多少字等，有一定規矩。這個卷子寫完以後，最後寫甚麼人寫的，誰翻譯的，也有一定規矩。我就把敦煌大德、敦煌寫僧、敦煌寺觀全部摘錄下來，讓研究敦煌的人，根據我的摘錄，推測其他沒有著錄的卷子的時代。從哪個經生寫的，可以知道這是哪個時代的卷子；從某個經典有這個人名字，可以知道它是甚麼時候寫的；這個經典是哪個廟宇的，只要看看這個廟宇的相同經典，就知道了，等等。所以，現在研究卷子的人，都可以利用我這個

摘錄做工作。這種校錄工作很大一部分是工具性的東西，要稍稍多講幾句。編工具書這件事，我們研究學問的人，非做不可，可惜有些學人不大看得起工具書和編工具書的工作。回憶我的老師王國維先生，他每研究一種學問，一定先編有關的工具書。譬如他研究金文，就先編成了《宋代金文著錄表》和《國朝金文著錄表》，把所能收集到的宋代、清代講金文的書全部著錄了。他研究宋元戲曲，先做了個《曲錄》，把宋元所有的戲曲抄錄下來，編成一書。所以，他研究起來，就曉得宋元戲曲有些甚麼東西，哪個戲最早，哪個戲最晚，哪個戲同哪個戲的關係怎樣，歷史關係怎樣，地理關係怎樣，人物關係怎樣，等等，都清清楚楚。他的《宋元戲曲史》雖然是薄薄的一本書，但是，至今已成為不可磨滅的著作。因為他的東西點點滴滴都是有詳細根據的。所以，我也喜歡做工具書，我不怕人家笑話我：你這個專家為甚麼編工具書，做一個編工具書的人呢？我並不以此為恥，反而認為做工具書是我們每個學人應當負起的責任。如果我們每個學人都負起責任來做一些工具書的話，那麼，好些工具書都可以及早做出來了。舉一兩個例子，顧頡剛先生在燕京大學教書，領着許多年輕同志做引得。這些引得，把某書的某個問題完完整整地顯示了出來，我們現在都深得這八十一種引得

的方便。我研究《楚辭》，也做了一個引得，因此，《楚辭》的每一個字共出現過幾次，也是清清楚楚的。研究起來，把有關的全部很方便地找齊，《楚辭》裡邊的這個字，總共有幾個意思，哪個是本義，哪些是後來變義，都可以辨得清清楚楚。所以，工具書是我們每個人都應當做的，直到現在，我做工具書的興趣也不減弱，甚至有許多東西，我乾脆就抄錄人家現成的。譬如我有一份劉師培先生著作的書目，就是把他做的書、文章，一條一條地抄錄下來的。我要是做起文章來，就把劉師培先生這個東西翻開一看，材料都在一起，就拿下來了。所以，工具書是一定要做的，現在的情況，是太少了。在我們研究所裡，要提倡這種風氣，每人都要爭取做一兩本工具書。你是研究《周禮》的，就做《周禮》的工具書；你是研究《尚書》的，就做《尚書》的工具書。這些東西也是我研究敦煌學的基礎，是我研究整個學問的一個極好的基礎。我的書桌上，書目一大堆，大概有一尺多高，都是我自己抄的，雖然它不是真正的敦煌學研究，但是，我研究敦煌學是確確實實這樣做的。譬如《瀛涯敦煌韻輯》這本書，寫好以後，我把它分類摘抄，反切抄一個，小韻抄一個，大韻抄一個……抄了五六種。不久前來了一個進修生，要讀《廣韻》，我就把這一套東西給他利用，結果把《廣韻》讀通了，也是靠工具書。

　　我的關於敦煌卷子的校錄，大概有如下幾種：一種是對經典的校錄，以《詩經》、《尚書》為最多。關於《詩經》和《尚書》的校錄，我差不多完整了，所有敦煌卷子都收在裡頭了。我的《詩經》校錄，武漢大學有位教授要，我就抄給他了。他根據這個寫了一本書，叫《鄭康成毛詩箋》，所以說，這個東西是有用處的。《尚書》校錄，我仍在做，要努力做成的。除了《詩經》、《尚書》而外，我還有《春秋左氏傳》、《周禮》、《禮記》等校錄，看來不能再繼續了，沒有這份精力了。

　　第二種是諸子的校錄，集中力量搞《老子道德經》。所有敦煌《老子道德經》的卷子都抄錄完整了，並且已經寫成一篇兩萬字的論文，題為《〈老子道德經〉的研究》。關於《道德經》，下面還要講，這裡先提兩件很有趣的事情。第一件是關於書名。《道德經》是現在的名稱，幾年前在山東銀雀山發現漢初寫本，不叫《道德經》，而叫《德道經》，倒轉過來說的。這是一個大寶，我的一個朋友得知以後，高興得很，寫信告訴我。我說在敦煌卷子裡已經發現了同樣的情況。第二件是關於字數。據《史記》說，《道德經》是五千言。不少敦煌的《道德經》卷子，每章標有字數，合起來為四千九百九十九字，僅差一字。有人說應當是五千零幾十個字，那麼，太史公講五千言的可靠成分到底在哪裡呢？我認

為靠得住的成分是百分之九十五，靠不住的是五千多倆字還是少倆字。可見，敦煌卷子可以證明史書的記載，這些都是很有趣味的東西，研究古籍的人遇到這樣問題高興得很，所以，我做校錄是比較用力的。

　　第三種是《道德經》以外的道家經書。佛教有個《大藏經》，是把佛教經典匯集起來的大書，故叫「大藏」。杭州大學有過一部《嘉興藏》，是在嘉興刻的，這是最了不起的《大藏經》，兩三年前被中國科學院宗教研究所調走了。這部書，據我所知，在全國只有三個完整的本子，其他都殘了。這部書是明末人刻的，先在南京刻，後來在蘇州刻，最後在浙江完成，所以，取名叫《嘉興藏》，本名叫《徑山藏》，俗稱《嘉興藏》，其雕版大概早就毀掉了。道教也有類似的書，宋代開寶年間刻過一部道家的藏經，稱《道藏》。《道藏》收的藏經，當然分量也很多，但是，我在敦煌卷子裡邊，細細地找，發現有《道藏》還沒有刻過的道經，就此做了一篇文章，叫《敦煌本道教佚經考》，引起國內學術界的重視。校錄工作只是初步的，我對道教並沒有研究，只是校錄，校出了這篇文章，成為大家重視的東西，也是我做校錄工作中自己比較滿意的東西。此外，還有韻書的校錄，我用了四個本子：一本是拍攝的照片，一本是抄錄的內容，一本是寫的提要，一

本是做了框格。韻書校錄是我最早完成的敦煌學研究工作，匯集成了《瀛涯敦煌韻輯》二十四卷這部大書。校錄中有很多很有意思的問題，如韻書卷子中有一卷，就是王仁昫那一卷，一個地方有一點胭脂，我很奇怪：為甚麼卷子上會有胭脂呢？問了很多人，都弄不清楚。我看過的卷子大概有六千多卷，沒有發現第二個有胭脂的卷子。那時我在四川三台，和我愛人是兩張桌子兩塊硯，她講：這個東西是否有道理。從此我就注意了。翻了唐宋以來許多人的書，發現唐代宋代明代都有一個傳說，説唐代長安有位女仙人，叫做吳彩鸞，每天晚上都要抄一部韻書，拿去賣給赴考的讀書人，所以，吳彩鸞抄過若干部韻書。這番話假若是一個人寫的，也不足為奇，但是，唐宋兩代人都寫，就連一生説話忠厚老實的歐陽修，在他的《歸田錄》裡也説了這件事，就是説，他也相信這一傳説。我認為有些道理，然後回想到這個卷子可能就是吳彩鸞抄的。於是，我着手研究為甚麼會有這個故事。我研究了唐代讀書人的風氣、唐代婦女的風俗習慣、唐代的考試制度，等等，寫成一篇論文，就叫《吳彩鸞書切韻事辯》。大意是這樣：唐代婦女的性格不像宋以後婦女那樣軟弱，倒是很精明強幹的，肯定有這樣一部分人，幫助丈夫出去考試，寫一部韻書給他帶去。唐代人考試一定要做詩，做詩一定要

做長律，做長律背不了那麼多的韻，要家裡人幫他寫一部韻書，帶着進考場。所以，並不是說她每天晚上寫一部韻書，每天晚上寫一部韻書是文人好奇，故意擴充的，而是說有一個女人。這個卷子的字像女人筆跡，非常秀麗，不是男人手筆。唐代寫經人很多，三萬卷都是男人寫的，都是和尚道士寫的，只有這個卷子是女人筆調。所以，我就肯定這件事情是有的，不過，唐代人喜歡吹牛，所以，唐代傳奇把稀奇古怪的故事傳給大家，那時風氣如此。確實有一個婦女寫了這樣一部韻書，給了丈夫去考試，流傳下來就成為「女仙」。這件事情可以說明：我們每研究一樣東西，一定會牽涉到若干問題。在我們文化史上要有一點發現是不容易的。抓住一個敦煌卷子，可以做一輩子工作。我有一位年輕朋友，讓我給他選一個卷子，他研究了三十年，還不敢肯定。這個卷子是說一個廟子裡的經濟，今天某佃戶借了幾升米，若干年以後，這個人還了好多米；某人又借了多少銀子，後來又怎樣……就是這樣一批賬目。我叫他去研究唐代寺院經濟同整個社會經濟的關係，他寫成了一篇論文，比較草率。我說你很多東西還不了解：你了解唐代的僧祇律嗎？你了解唐代寺院裡的田地是不納稅的嗎？他又從頭到尾翻「兩唐書」，花了兩年半的工夫，文章作了修改，結果還有較大的欠缺。我說

除此而外，你還沒有比較，應該拿這篇文章同其他材料作比較。現在仍在修改中。所以，我們在文化史上做一件對我們文化有所幫助的事情，真是不容易。真正要做好這樣一篇文章，要花一輩子的精力。假如把這篇文章做好了，唐代整個經濟制度裡邊最重要的經濟組織部門也研究清楚了，這就是對我們文化史的大貢獻。向達先生寫成《唐代長安與西域文明》這部書，我很讚賞。後來，給他提了個意見，他也回了信。我說：你的書好得不得了，但是，我希望你在這裡邊選兩個突破前人的問題，深入研究，使第二個人不能在你這上面添加一分材料，這樣的文章寫上兩三篇就夠了。他對我的意見非常贊同，他說：那麼，你看我這本書還是本通俗書。我說我不敢說是通俗書，但是，我們更需要你做更詳盡更精深的一兩篇文章，我們沒有第二個人能反駁你了，文章就算做到底了。

　　我研究敦煌學是如何開始的呢？七七事變的前兩天，我從莫斯科經西伯利亞，過偽滿洲國回到北京。我是逃出來的，那時候許多朋友勸我不要走這條路，和我同路的人有一個遇害了，我還好，總算冒險回來了。不過我帶回來的東西在滿洲里被日本人全部拿走了。幸而關於敦煌學的這部分材料以及許多考古學的材料沒有帶在身邊，而是由一個公司給

我寄回來的。到北京後，本來準備在北方教書，但是，情況不對，老朋友都勸我到南方來。就在我離京到天津的那天，盧溝橋事變發生了。天津站的站長也是我的老朋友，他要我趕快走，說這兩天天津也要發生事情。因此，我趕快到南方來，不幾天，果然盧溝橋事變又發展了，上海也開始抵抗了。於是，我帶着從法國運回來的書和照片，在蘇州一個小旅館裡，做起校書工作來。這與我搞敦煌學以及後來的發展很有關係，在當時條件下，這是我搞敦煌學的一個試驗。我用國外所得的敦煌材料，同國內已發表的校對。第一件工作是校對劉半農先生的《敦煌掇瑣》，對校的結果，使我無法繼續下去。劉先生這部書原是中央研究院刻的，錯誤很多，僅 S. 2011 卷，即王仁昫《刊謬補闕切韻》一種，全卷共一千一百行字左右，可是，我校出來的錯誤竟有二千四百條之多。校完此書以後，我打定主意，將敦煌卷子裡的韻書部分進行全面整理，這是我研究敦煌學的第一件工作。東北大學從北京搬到西安，我跟到西安；後來又從西安搬到四川，我又跟到四川。《瀛涯敦煌韻輯》的稿子就是在那裡搞出來的，花了整整三年的工夫。全書分二十四卷，是鄭振鐸先生給我印的，他當時是上海出版公司的老闆。我花了三年工夫，得到的收穫是甚麼呢？我發現近來所有研究中國古代韻書的人基

本上都用《廣韻》這部書，原來《廣韻》以前的韻書都亡佚了。我這部書剛好填補這個空白。

　　與此同時，我又寫成一本《敦煌志》，由於分量太大，沒法印出來。後來將總論部分改寫成白話，單獨出版，書名就叫《敦煌——偉大的文化寶藏》。這是我最早的成書，而《韻輯》是第二本。《敦煌志》除了總論以外，多已散失。為甚麼呢？我在西安時，把文稿寄往成都，不久就得到郵局通知，說有一條船在漢口至重慶之間，被日本飛機炸了。我寄出的文稿也蒙受大難，餵了魚。後來我把留下來的零零碎碎的稿子匯集起來，收在《敦煌學論文集》中。《敦煌志》雖然早損了，可是，我至今念念不忘，因為它收集了敦煌卷子中關於文學方面的卷子（包括詞、變文）以及歷史材料、社會材料，是很費了一點工夫的。抗戰勝利後，我到了上海，才看到日本大谷光瑞編的《敦煌文集》，覺得可補的東西太多了，所以，更惋惜《敦煌志》的亡佚了。將來有機會，我可能再補，但是，看看現在的身體，恐怕不大可能了，因此，希望別的同志能把這個東西補起來。體例、規格，都存在於我的心裡，假使哪位同志願意做這個工作，我把我的規格告訴他，我的材料也可以提供出來。

　　《敦煌學論文集》又是一本甚麼樣的書呢？此書共收論

文三十八篇，已交上海古籍出版社，不久就可以出版。集中收集了我所有關於敦煌學的文章，其中不少是專門研究，也有作為工具書性質的文章。譬如《敦煌學私議》，就是關於研究敦煌學的詳細規劃。「三錄」即敦煌高僧的《名字錄》、敦煌抄卷子人的《名字錄》和敦煌的《寺觀錄》，根據「三錄」，可以核對全部的敦煌材料。譬如根據人名可以斷定卷子的時代；根據廟子的名字，可以看出這個廟子在甚麼年代存在；看見寫僧的名字，也就知道這個寫僧是哪個時代的。所以，「三錄」可以幫助我們給卷子斷時代。我們研究學問的第一件主要事情就是要弄清楚研究對象的時代，不然的話，這個東西研究出來，還可能有問題。《正俗字譜》說明在唐以前的韻書就有正、俗字了。將來我們搞文字學，可以根據這個字譜來分辨正字和俗字。《敦煌學論文集》裡，至少有五分之一是這些工具書性質的文章。我可能還沒有做完，因為我當時得到的卷子只有倫敦、巴黎和柏林這三個地方的收藏品，至於日本和蘇聯的卷子，我都沒有見到。那麼，將來研究日本、蘇聯乃至其他別的地方的卷子，也可以參考我的這些文章。

這個集子裡專題性的研究文章約分兩種：一種是關於韻書的考證；另一種是關於歷史材料的研究。後者重要的文章有四篇，簡述於下：

　　第一篇是講敦煌王張議潮父子的事跡的。我根據唐代的資料及近代人的研究成果，替他們作了一個詳細的傳。

　　第二篇是關於敦煌王曹家幾代人事跡的。我也替他們作了一個詳細的傳，而且還列了一個世系表。

　　這兩個家族確實在我國歷史上起過一定的作用。他們在我國的西北地區，同周圍的兄弟民族接觸甚多，在唐五代，中原沒有受到甚麼干擾，可能與張、曹兩家在敦煌那個地方看守大門有關。同我們的歷史文化有這樣大的關係的兩大家族，應該詳細給他們寫傳。

　　第三篇文章是《補〈五代史・方技傳〉》。關於科學的史料，敦煌卷子裡極少，不過，也發現了幾個「曆」。敦煌這個地方原來是自己頒曆的，它有一個特殊的曆法，作者叫翟奉達。我認為他是個了不得的人，於是就寫了這篇文章。寫成後，聽說向達先生也在寫這個人，於是，與他通信，問他是怎麼寫的。原來他是根據翟奉達的歷史，來考證敦煌這個地方同翟有關係的人士以及當時的社會情況。關於曆書，雖然也說了一點，但是，沒有我這樣完整，所以，我們兩人是可以互相補充的。我的文章，他想要，我就給他看了，結果佚失了。我很想恢復這篇文章，可是，老底子只有一些卡片，「文革」中又幾乎損失殆盡。為了寫成這篇文章，我曾翻閱了

中國歷代的若干曆書、史書，從而發現翟氏編著的曆書是很有特點的，以至宋代以後的曆書都吸收了它的成果，故而，在中國文化史上，它是一個很重要的東西。所以，我努力補寫了出來。

第四篇是關於文學的。在敦煌洞窟中發現了南朝宋代和尚智騫的一個殘卷，他是用楚國的語音來讀《楚辭》的，因而，他的這個卷子在國內成了大家注意的東西。最早研究它的是王重民先生，不過他只寫了敘錄，沒有怎麼深入。深入的是聞一多與周祖謨兩位先生，他們兩位的文章，當時我沒有見到，到了解放以後，來到杭州，才看到。不過以前我雖沒有讀過聞先生的文章，但是，他給我講過。那時，他在西南聯大，我也在昆明。我的文章，他看過以後不大愉快，為甚麼呢？因為我的話同他的話許多是矛盾的，不過，他還是說：好吧！你說你的，我說我的。現在看來，聞一多先生的文章自有他的長處，他寫的東西有我沒有說到的，但是，我也有我的是非，因此，這篇文章我保留下來了。四年前，《社會科學》雜誌創刊號登了我這篇文章，編輯加了按語，說我這篇文章提出了三個很重要的問題。但是，我以為還有一個重要問題，他們沒有講到，那就是智騫的這個東西，在唐以前被認為是個了不得的東西，吹得太高了。聞、周二先生似乎

也是這樣認為的，而我不但沒有這樣認為，反而幾乎否定它。這不是甚麼創見，只是這個東西在做書的體例上給了我們很大的啟發，同時又是我們後來研究《楚辭》的重要參考書。在這本書以前，人們都是以儒家的立場和觀點來讀《楚辭》的，到了智騫，他採用不同的學說，把《山海經》、《穆天子傳》等奇奇怪怪的書拉來證《楚辭》，從而，在《楚辭》研究上形成了一個流派。關於這一點，《社會科學》的編輯同志沒有講到。

關於韻書，我的《瀛涯敦煌韻輯》有一篇文章，叫《切韻系統》，現在把它抽出來，收進《敦煌學論文集》。這篇文章說明了一點：我國已經亡佚了的《切韻》，在敦煌卷子中發現了，而且有幾個卷子就是陸法言原書的抄本。這在研究聲韻上是很重要的歷史材料。不過，這部《韻輯》發表快三十年了，國內卻很少響應，國外雖然有人響應，可是，也沒有人像我這樣重視它。我寫好這部書以後，拿它同《廣韻》核對，得出一個結論：《廣韻》這部書是宋人雜採唐代諸家的學說湊成的，因此，其系統性和科學性都是不夠的。說這個話是有點大膽的，因為有人迷信《廣韻》這部書，可能會引出大的爭論來。那很好嘛，要是我失敗了，那就肯定《廣韻》是了不得的書；要是我勝利了，那就說明我這部書是有用的。我有個脾氣，就是我的學說希望有人反對，不希望人們完全贊

同。反對不了我，我就成立了；反對了，你成立，這樣學術上就有了一個定論。以上就是我的《敦煌學論文集》的簡介，它是我研究敦煌學的第三本書。

第四本書是《老子道德經卷子的研究》。關於《老子》的卷子，我看到的幾乎可以說完整了，日本和德國都沒有這個卷子，只有法國和英國有。頂好的卷子是伯希和拿走的，伯希和這個人對漢學的研究很深，所以，他拿去的卷子都是非常精緻的。我對他很討厭，但是，又佩服他。為甚麼呢？他治學很嚴謹，書也讀得很多。有一張他盜竊藏經洞的卷子時的自拍照：他蹲在洞窟裡，面對許多經卷，正在蠟燭光下一件件地翻檢……他告訴我，他拿去的卷子在所有敦煌卷子裡幾乎都是最好的。所以，我們今天研究敦煌卷子應該以在巴黎的卷子為基礎。過去說這話是要招大禍的。

敦煌卷子的紙質、墨色、寫的情況都有很大的差別。《道德經》卷子的紙幾乎都是非常講究的，特別加工過的，紙質硬實，至今一千多年了，拿出來還會發出吭喳吭喳的金石聲。並且，每一個字都寫得好，我們後來的一些字帖，就採用敦煌的《老子道德經》卷子的。佛教經典的卷子後面不一定有甚麼了不得的寫僧的名字，而《道德經》卷後的寫僧都是有名的，甚至有幾個是高僧。這是件很特別的事情，和尚

來寫《道德經》，而且是在唐代儒、釋、道三教鬥爭很嚴重的時候。其實，也不足為奇，因為唐代帝王自稱是老子之後，關於這一問題，今天暫且不去論是非。但是，唐代帝王尊崇老子，會不會影響當時的寺廟呢？會不會引出一些捧場的和尚來抄《道德經》呢？我想是有可能的。因此，《道德經》的卷子抄得極好，校勘得非常認真，如果一個字有點小毛病，就用黃顏料把它塗掉並改正過來。除了儒經中有時有這個現象外，其餘的經卷都是沒有的。《道德經》的卷子數量不多。在敦煌也發現了其他道家經典，就寫得馬虎了。譬如《莊子》在六朝以後，常與《道德經》一起，而被稱為《南華經》，就沒有《道德經》寫得好，紙差，字也差，校勘也差。《道德經》寫得最好，除了上面所講的外，大概還有以下的原因。唐太宗以後，道家的勢力慢慢地大起來了，佛教內部腐朽的東西也越來越多，許多廟子裡養起兵和娼妓來了。和尚驕橫跋扈的情況，在唐代的文獻中屢見不鮮，而道家卻少見。道家興起之後，絕對禁止這些東西，因此，民間對它的信仰還在，而對佛教的信仰則大大地減少了。這時，佛、道互相敵視，互相攻擊。其實道教有許多是抄佛經的，其目的是讓民間知道，佛教的那一套，我道教也有，從而勸大家不要相信佛教。到了五代末期，道教大興，因而，當時《道德經》寫得好，與

佛、道自身的情況也是有關係的。

　　還有兩項研究成果，也簡要地說一說。一項是關於儒家經典的輯錄與研究，我把重點放在《尚書》和《詩經》這兩部書上。《詩經》的研究在我的《敦煌學論文集》裡已有了一個提要。大體說來，現在所傳的《詩經》，同敦煌本的《詩經》有很大出入。現在傳世的本子收集了其他所有注家的注，使《詩經》好讀一點；而敦煌本在語法上似乎不大相同，文字也很有差別。傳世的《詩經》頂早可能是宋代的刻本，可能是經過宋人修改過的，而敦煌本的《詩經》和《尚書》的許多字比我們現在傳世的本子好。但是，好儘管好，卻不通俗。宋代人讀《詩經》和《尚書》，可能看到原先的刻本，以為字太艱澀，便改為通俗字。這樣一改就糟了。因此，我們可以根據敦煌卷子的《尚書》和《詩經》來校對我們現在所傳的本子，這當中是大有文章可做的。《尚書》、《詩經》的敦煌卷子，國內學術界要的人很多，我有工夫就抄一點給他們，《詩經》卷子，抄給黃焯，《尚書》卷子抄給顧頡剛。但是，現在看到的顧先生關於《尚書》的論著，卻沒有引用，大概是篇幅所限的原因吧。將來我有精力，要填補這個空白的，假使精力不濟，也要指導一個學生替我做下去。

　　另一項是《莫高窟年表》，即將由上海古籍出版社出版。

原是七十萬字的稿子，前面還有兩百多幅圖片，都是莫高窟最重要的圖片。底稿是用毛筆寫的，寫得規規矩矩，如果哪個規模大一點的圖書館要的話，我就送給他們作藏書，因為我自己也沒法子保存。這本書我原來打算把敦煌卷子裡有年代可考的，按年代編排。這樣一來就能很好地看出各個時代的風氣，看出各個時代對不同經典的重視情況。譬如在唐明皇時，《金剛經》、《金光明最勝王經》是特別重要的，而它們在別的時代就不大重要了。這是我寫這部書的目的之一。另一個目的是，把中國歷史上同宗教有關係的材料補進去。譬如唐明皇時，儒、釋、道三家是如何鬥爭的？我把歷史上有關的材料找出來，附在唐明皇時代的敦煌卷子後面。如唐明皇自己給《金剛經》加注，給《孝經》加注，給《道德經》加注，顯然是想調和儒、釋、道三家，讓全國在他的調和思想下安定下來。這些歷史材料，我都附在有關的敦煌卷子後面。又如有一個卷子是王羲之那個時代的，於是，我就把王羲之的生卒年月，生平事跡以及他寫的《蘭亭序》都抄錄出來，附在這個卷子的後面。又如某個卷子說某一時代頒佈了僧祇律，就在它的後面把僧祇律的詳細內容附上。又如某一個卷子為一個日本人詳細考證過，我就把這些考證文章翻譯過來，附在這些卷子的底下。這樣一來，所附的材料很多，

我想對了解中國的文化史是很有幫助的。但後來出版社的同志認為太複雜了，為了簡便起見，於是就把這些附錄全刪掉了，只剩下一些敦煌卷子。《莫高窟年表》也就只有骨架，沒血沒肉了，書名也只得改成《莫高窟資料編年》。那些被刪掉的附錄，全部毀掉了。「文革」中，幾次被抄家，連稿子也抄走了，看來恢復原樣已經不可能了。現在我把這個被刪的殘本送到上海古籍出版社，今年即可出版。這本書現在只有一個用處，即作為工具書來用。不過用它時，要先查索引，看看有沒有你要查的東西，然後再看看我的文字，這樣一來，這一缺陷就可以彌補了。上海古籍出版社能幫我印出來，我得感謝出版社對學術的關切。

　　總之，我的研究成果就是這麼幾點，沒有甚麼了不得的，比起我的同輩向達、王重民先生來，我不及；比起我的老師王國維、陳寅恪先生來，相差更遠了。我這一生最大的缺點就是東一鎯頭西一棒子，撒得太開，到現在，我已經不大可能收拾了。不過好在我們的國家現在事事都向前走，將來的敦煌學肯定是有希望的。我現在只不過是一匹識途老馬，這匹老馬已經不能載重了，但是，這條路我曾經走過一段，所以，我可以告訴大家：這條路怎樣走，怎樣爬山、涉水啦……我力所能及的大概就這一點了。

第二講　敦煌學在中國文化史上的價值

　　本講擬從歷史發展角度來談一談敦煌學在中國文化史上的價值。這個問題大體上可以分成兩大段：第一大段是唐代以前，第二大段到唐代為止。唐以後不講了。重點講印度文化同中國文化的關係，如印度哲學到中國來以後，給中國文化一些甚麼影響，中國文化受了印度思想影響之後，成了一個甚麼樣的局面，等等。

　　我認為中國文化史上有過三次大變化、三個時期。第一是春秋時代。從考古學上看，關於夏商周的歷史記載差不多是比較正確的，夏商周三代一脈相承的文化到春秋結了一個穴。主要原因是夏商兩代文化剛剛進入半文明社會，而它的發展是以黃河流域為基礎的。這個黃河流域西起現在的新疆、青海、西藏，東到現在的山東、河北。周家本來是西方民族去的，它同夏家是有關係的，可能夏家是一個靠北方偏

西一點，就是現在陝西、甘肅之間的民族。周這個民族就是陝西、甘肅之間的民族向東走的，到東方來之後，同殷民族交鋒了，殷民族是東方民族。周家本身以夏文化為基礎，吸收了殷文化。最重要的一點就是《尚書》中箕子為武王稱《洪範》，這是歷史上很重要的一個影子。我只能説影子，因為《洪範》有好多成分是真的，好多成分是假的，還不能斷定，但確實是一個影子。《洪範》這篇文章把殷家的乃至於夏家的整個文化的重點幾乎都説出來了。周家以後的文化大體根據《洪範》來，不過周人也有自己的特點。它的特點是甚麼呢？原來周文化總結了夏文化之後，承認我們人同自然的關係，並在人的關係上固定下來，它就是宗法。周家以前無所謂宗法社會，而是氏族社會，或氏族社會的早期。周家把宗法社會定下來了。宗法社會有兩個很重要的連鎖反應，它們又是統一的。一個是傳子，即傳嫡長為賢的繼承問題，一個是財產遺傳問題。夏商兩代沒有這兩個問題。父親死後，王位一定傳給兒子，而且一定是長子，只有母親是王后，才能繼王位，假如母親是妾，就是第一個生下來也不行。以天命關係定王位繼承，繼承以後，不管你是甚麼樣人，好的，天下也算你的；壞的，天下也算你的。這樣一來，家庭內部沒有糾紛，國家也初步可以安定。譬如武王得了天下以後，

傳給成王，成王是個小孩子。國家初年紛亂得不得了，幸好
周公把着他的關，所以後人說周家這些宗法制度的完成、政
治制度的完成都靠周公。很可能他參加過重要意見。即使殷
家的降虜同周家的不肖子孫勾結起來謀王位，也搞不下去。
為甚麼會勾結起來搞呢？就是夏商兩代並不一定傳嫡立長，
哪個有本事就哪個上來做。但是，周家只要你是嫡子，即使
不肖之子也傳給你。王位定了，內部無所爭。王位定了，
國家的財產歸了你，所謂「家天下」。這個制度，在中國歷
史上形成了幾千年來不變的局面。連周家分封的諸侯也是
這個制度，國家成了天下的共主，叫大宗，諸侯成了小宗。
但是諸侯在他的國家內，又可以自立為大宗，他的大夫便成
了小宗；大夫要是有本事，得了封邑，也可以成為封邑裡的
大宗。層層下達，把天下統一在血統關係上，別人不能驚擾
它。在中國歷史上，周家天下最久遠，同它有很大關係。在
這個情況下，慢慢形成了儒家思想、道家思想、墨家思想等
等。各人搞各人的，每個人都在周家制度下找一條路子走。
宗法制度對民間風俗的影響大得不得了，一個父親把家當撐
了起來，假如有三個五個兒子在那裡爭吵，是不得了的。所
以國家宗法制度行到民間來之後，成了民間風俗的樣本。總
結這個歷史過程是在春秋，春秋最重要的人物當然是孔子和

老子。一個儒家,一個道家,把中國文化吸收在他們的學說裡。孔子提倡人倫,即五倫,老子宣揚「毋爭」。「毋爭」對人們有很大的影響。老子時代正是春秋戰國爭執得最厲害的時候,所以,老子提出不要爭,以柔弱為做人的基本,以不爭為做人的方法,來求得安定。孔子把宗法制度總結成儒家的人倫制度,形成儒家的道德範疇,它以君君、臣臣、父父、子子的名分做基礎來安定社會。封建統治階級很自然地吸取儒家思想,使它成為社會組織的基本原則。道家思想則被一些成年人奉為一生行事的規範。這兩個思想構成了中國文化的兩個最大的思想體系。這是第一點。

第二點,儒家發展到漢代更盛了,主要原因是秦始皇統一天下和漢武帝罷黜百家。所以,漢武帝罷黜百家表彰六經之後,紛雜的思想不講了,漢家從高祖起強調以孝治天下,這兩個東西成了漢代立國的根本。這兩個東西調和下來之後,成為漢家的主要政治措施,也是民風的趨向。到了漢武帝以後,突然發生了一種反面思想,就是昭、宣、元、成之後突然間有所謂今文之學出現。原來漢武帝罷黜百家之後,百家之學在朝廷站不住腳了,全部逃到民間去躲藏起來,根據他們今文家的傳說寫了許多書,即所謂讖緯之學。讖緯之學大大興盛,幾乎把高祖所定的規模全部搞掉。但是,儒家

在武帝支持下，已經大大發展，而儒家經典也已普及全國。因此，儒生起來同今文家鬥爭。今文家自己也說得自孔子，不過，他們自己也承認，孔子說的關於國家政令的東西，他們沒有看見。從此，今古文鬥爭開始。倒也奇怪，武帝以後，尤其在宣帝時，漸漸地黃老之說出來了。道家清虛自守，於是，做皇帝的也清虛自守，讓天下安安靜靜地過太平日子。今文家同道家有許多地方相類似，是否偷了道家學說，我不敢斷定。今文家從天文、宗教、迷信等許多方面來籠絡人心，並且在昭、宣時期幾乎達到了目的，但是，勢力還不大。所以，等到光武起來以後，反對讖緯之學，今文學垮了，然後古文學興起來了。漢家政治思想、民間思想仍然恢復到儒家的人倫制度去。到這個時候要變了，東漢時期，佛教已進入中國，漸漸地中國士大夫和民間受到很大影響。但是初來的並不是釋迦牟尼的真宗教，而是印度老的宗教，他們用各種方法宣傳佛教。漢代讀書人尊重老子，所以，漢末、魏晉之間，道家學說大盛。嵇康、阮籍不用說，甚至謝靈運、陶淵明也有道家思想。但是佛教學理還沒有廣泛地傳進中國來，最重要的經典也沒有完全進來。這時候，有位平陽人，是山西平陽，不是浙江平陽，叫法顯，是個和尚，俗姓龔。他同另外兩個人到印度取經，成為中國第一個到印度取經的

人物，前後大概八九年，回國後，寫了一部《佛國記》。這是一部世界上關於旅遊的最早最大的書，可惜亡佚了。他把印度的戒律《摩訶僧祇律》翻譯了出來。印度哲學分三大部分：經、論和戒律，戒律就是講怎樣修養自己，到唐代就成了十戒，中國從此有了戒律。於是北方和尚，每個人都學戒律，成為高僧大德，品德極高。這裡有段插曲：法顯坐船回國，被漂到美洲，到了墨西哥，所以是中國法顯第一次發現美洲，並不是哥倫布。他發現美洲之後，一看不是中國，就坐船回來了。這件事，《佛國記》裡有，然而記得不詳細。現在，墨西哥發現了很多法顯所留下的遺跡，法國人研究得最精細，我們中國還沒有人研究。日本也在研究。有本《西遊記》，過去商務印書館把它譯了出來，現在買不着了。要是在舊書店裡看到了，趕快買，這本書同中國文化的關係太重要了。他發現美洲以後，美洲才開發出來。現在墨西哥的許多民情風俗，與我國近似，這是法顯起了作用的。他把中國文化帶到美洲去。這是插話。也是從法顯開始，中國到印度取經的人慢慢地多了，印度的大德、大僧也不斷地到中國來了，大的經典也帶來了。中間關係最大，唐代不說，唐以前應該是鳩摩羅什，又叫什公、羅公。他來中國以後，中國才有三論宗的東西，所謂三論宗即是講《十二門論》、《百論》

和《中論》三部經的，實際上它是一般邏輯學和我們認識論的結合。到這時候，我國的哲學思想更系統化了。這件事非常重要。我國有講邏輯學的，舊叫名學，沒有印度名學那樣細密。名學同認識論結合以後叫因明學。前些時候，報上登載我國成立因明學會，在花大力氣研究，據我所知，宗教研究所去年開始大力準備。假如因明學成果拿出來，邏輯學是要大改變的。

在他以後，印度的大經一樣樣進來了，最重要的有幾樣，一是《法華經》，屬天台宗。智顗大師，隋代初年在天台落錫，講《法華經》、《大智度論》、《涅槃經》。他把《法華經》疏講出來，加注，一段段、一個個字地講，講得很清楚，成了中國佛教最了不得的宗派。這個時候，中國佛教宗派越來越多，除法華宗而外，同我國文化有最大關係的還有唯識宗，講《成唯識論》，所謂萬法唯識，把知識這個問題提到最高點。它從唐初開始，到現在還是大的宗派。這是中國自己創的派，近代浙江許多學者都是講唯識宗的。所有唐代政治上的人物，要麼是天台宗，要麼是唯識宗。所有宗派在唐代一一發展起來，得到印度最高經典之後，天台宗讓我們的哲學更系統化了；三論宗讓我們關於邏輯學和認識論有很大發展；唯識論讓我們對知識領域的認識廣博了，不但對人的認

識廣闊了，對物的認識也廣博了，判斷物的知識也準確了。還有若干宗，對文化史，尤其對知識分子的影響極大。大體說，北方學人受戒律影響，做苦行頭陀，如到印度取經，把佛教傳到日本、朝鮮去。可是，南方這幫人，受了三論宗、唯識宗和天台宗的影響，大家都研究學問，不一定做和尚，在家做居士。這些居士學問高深，中國很多學術問題都在他們範圍裡磨煉。而且，南方大德往往拿儒家、道家經典作比較研究，比如熊十力先生，是研究唯識論的大師，可是，到晚年讀儒書，否定佛教，以為佛教還不如儒家道理多，儒家才真正把人世看透了，佛家還沒有，只是把人世組織看透了。於是，寫了一本《新釋儒》，講儒家的道理。南方高明之士常常最後回頭，要麼是讀道家書，要麼是讀儒家書。比如陶淵明，最後還是儒家，他同慧遠、謝靈運關係這樣深，為甚麼不進佛家去？他窮得要死，「飢來驅我去」，跑到人家去敲門，要一點吃的東西。慧遠說：你來好了，我這裡吃的東西多得很。他再也不去。為甚麼呢？陶淵明到最後還是儒家思想。所以，道家思想也好，儒家思想也好，等到佛教最高經典來了，三家經典互相砥礪。明代以來，清代三百年來，佛教在中國，雖然影響很大，但是最大影響還在於講禮，真正苦行頭陀不大有了。明代以後不大有了，清代很少很少

了。倒是講道理的大儒有好些進了佛家，然後又出來，回到儒家。譬如章太炎先生是個講儒學的，他是革命家，幾次坐監牢也不怕。在革命中，他寫過一篇文章，叫《俱舍論》，講佛教的最高境界。但是，晚年還是回到儒家來。所以印度哲學傳到中國，同儒家思想、道家思想互相磨煉，越磨越顯出儒家的光彩。這件事，我不是要提高儒家地位，我只說中國人有自己的文化。中央領導同志提倡中國特色的「四化」，這個話是很重要的。甚麼是中國特色的「四化」呢？就是要符合中國的國情。中國人做人有一定的方法，你要合得上我，我跟你走，合不上，不跟你走。這是中國文化的最大命脈。從許許多多實象看來，我們的文化大流是，不管甚麼東西進來，都得中國化。印度哲學到中國以後，成立若干派，很多派是印度沒有的，到中國才成立的，詳見梁任公《中國佛教概論》。假如民族要有性，到這個時候才能說是民族性。中國民風一般來說比較淳樸，這是同世界各民族比較而言的。淳樸同儒家、道家思想有關。我們人民是外柔內剛的，外柔從道家來，內剛從儒家來；儒家要求事事向前，道家要求事事退讓，二者調和起來，自己主張是不會放棄的。但是他不同你鬥爭，而同你競爭。儒教的思想是柔順的，因此，道教同儒家可以結合，佛教同儒家不能結合。到了唐代，三教結

合，其結果是人民道德偏於柔順，偏於弱，這一點魯迅先生也說到過。

到這個地方，算是中國文化的第三次大變動而得到一個最大的結局。佛教進到中國來，最早在魏晉時候，漸漸地起來了，隋唐時代，是慢慢地興盛了，到唐的末期是大盛了。佛教大盛以後，剛剛是儒、釋兩家鬥爭最激烈的時候，儘管統治者要想利用佛教，有許多士大夫也想利用佛教，但是老百姓是不大容易相信的。結果是，佛教慢慢地開始出現了衰落現象。在最興盛時候的唐代末期，如韓昌黎，一個以儒家道統自居的人，儘管他反對德宗迎佛骨，可是有一次上高山，不敢下來了，膽子小得不得了，是一個和尚把他接下來的。這就是說我們讀書人心裡還是有一個把握的，這把握在哪點呢？在於做人的基本方法是儒家的，有時也願意用佛教的東西。

我們把上面這些話做個總結：我們中國的文化，一共經過三大變化。從思想來講，第一個大變化約在春秋戰國時期，變化結果集中在三晉和齊魯（所謂三晉就是現在的山西、陝西；齊魯就是現在的山東）。周秦諸子都是三晉齊魯的人，孔子不必說，法家也是三晉的；道家，雖然說老子是楚國苦縣人，即現在的南方人，但是，苦縣也是靠近北方的。所以

說是以齊魯、三晉為基礎的。楚國的文化到了漢代以後，我國文藝方面的東西全部是吸收楚國文化的。漢家統一以後，漢高祖是楚人，所以他非常喜歡楚國的東西。他在長安割了一塊地方，搬些人住到那個地方去，這就叫「實關」。儘管他這樣做使楚國的文化在漢代的文化史上起了很大作用，但是漢代的政治制度，仍然是抄襲秦國的。所以漢家也是調和派：一方面政治制度用秦國的，一方面藝術文化思想完全是道家的。所以，秦始皇同漢武帝是第一次變化中關鍵性的人物。秦始皇統一了中國，這是中國在政治上的第一次統一，真正的第一次，周家還不算真正第一次統一。漢武帝罷黜百家、表彰儒術，是思想上的統一。不過話可說回來，秦始皇焚書坑儒，「國家圖書館」所藏的書並沒有焚。漢武帝罷黜百家，百家倒是罷黜了，儒家經典是上來了。但是，漢家劉向、劉歆父子整理國家圖書館的資料，並沒有把道家的東西拿掉，九流──諸子百家稱為九流──也都納了進去。這個時候佛教還沒傳進中國來，要是已傳進中國的話，我們相信劉向、劉歆父子也會把佛教經典放進去的。所以，不管怎樣，秦皇、漢武在中國歷史上是關鍵性的人物。這是我們第一點的總結。

　　第二個大變化，關鍵性的事情發生在漢的末期。漢的末

期今文學衰落了，古文學起來了。古文學是甚麼呢？古文學是漢以前受儒家影響的一些民間學說。第二次大變化形成社會風氣安定、社會仁義道德基本完成的局面。這種仁義道德成為中國封建文化的一個根本。印度文化到了中國，於是乎第三變開始。中國的儒道兩家同佛教交融、爭吵，吵到唐代明皇時，沒辦法了，三教論衡，唐明皇只好三教調和。唐明皇還是儒家。雖然表面上是把佛教的《金剛經》注了，把道家的《老子》注了，可是他的主要目的還在儒家的《孝經》。因此中國文化的第三變是儒家思想同道家思想結合起來同佛家思想鬥爭，抵制佛家。因為有這種抵制，所以佛教在中國衰落了。唐以後的我們不講了，因為我們是為敦煌說的，不是為整個中國歷史講的。這個第三變成功以後，我們中國人民的文化根基是在國本、國骨上穩穩沉沉地扎了很深的根，這是個大的特色，唐以後大概也跳不出這個圈子去的。因此，我們把上面這些話結合敦煌來講。敦煌保存着儒、釋、道三家最重要的典籍。這是和尚廟，和尚廟裡都要有許多佛教經典，是理所當然的。但是一個和尚廟裡除了佛教經典而外，還有大量的儒家經典、道家經典，而且儒家經典、道家經典在和尚廟裡是這樣地被重視，用最好的紙來寫，最好的筆墨來寫，最好的書手來抄錄，這是一個矛盾，可又是統一

的，統一在文化的統一之上。因此，整個敦煌文物，經卷也好，不管甚麼也好，我們要研究它，要認識它的話，要從整個中國文化來看。從整個中國文化來看，敦煌替我們保存了我們文化裡邊的寶。最重要的寶，保存得太多了。道家經典、儒家經典幾乎都保存了，中國的一些知識也在裡邊保存了，中國社會的一些現象也在裡邊保存了。我們兜了這樣大的圈子，頂頂重要的，是要說明敦煌文化在中國文化史上的價值。

再就是敦煌的藝術。敦煌的藝術品當然是以造型藝術為基礎，譬如塑像、壁畫。它的塑像、壁畫都是從中國本土去的，並不是從印度來的，不過摻雜有印度的藝術成分在裡邊。中國早已有塑像了，而壁畫，現在我們敦煌所有的壁畫——我們去參觀過的同志就可以知道了——全部是用線條來勾勒的，沒有哪一幅壁畫裡邊有像歐洲畫那樣的染的。中國藝術史上有一句現成話，叫做字畫同源，即寫字的方法同畫畫的方法是一個來源。因為中國的字就是線條字。當然歐洲的字也是線條字，也是用線條寫的，可是歐洲字的線條，譬如說英文字母只有二十六個，那是些有限的線條。中國文字的線條很多，我們現在看見的字，譬如說我們看「楷」字，看看怎樣寫法，看狂草，所謂的狂草，那也是線條。不僅如此，古代的東西亦復如此，看先秦甲骨鼎彝上的字，也是線

條。這些線條字有些寫得很奇怪的，可以根據線條畫成藝術的東西。譬如在戰國末期南楚的銅器裡邊，有許多字，多加一點，多加一個鳥的頭，就是鳥蟲書了，多加個蟲的形象，然後把這個字寫在鳥蟲當中，這個東西和線條作為藝術品使用了。不過這個問題，我不想再講，將來王伯敏先生要來給我們講的。這裡我要講另外一個問題。在敦煌裡邊似乎看不出甚麼表現來的，就是音樂這件事。我們敦煌裡邊所看見的音樂只有一點兒，就是圖片、畫，那些舞、奏樂，頂大頂多的樂器是琵琶同笙。這些東西到底怎麼吹奏，我們不知道。最近陝西、甘肅兩省都在努力恢復唐代音樂的情況，他們做了許多很好的工作。歷史的發展並沒有斷，根據我們後代的發展推斷唐代的東西是可以知道的。音樂在我們中國文化史上有很高的地位，我們這個民族所以能夠南北交融，是兩樣東西，一個是語言，一個就是音樂。當然文字是一個，但文字是代表語言的，所以文字我們不再說了，只說語言。語言，使中國民族能夠凝結在一道。南方人到北方去，聽見北方人的話也懂；北方人到南方來，聽南方人的話也懂，當然很多方言我們不懂。不過一般說起來，生活是能夠交融的。至於音樂更不得了了，南方的樂器，北方樣樣都有。以我們雲南邊區來講，雲南西雙版納的少數民族音樂是很興盛的，

它的樂器沒有一件在北方找不出來的，音樂也是統一的。音樂的統一，對於我們民族的關係是很大的。我在西安待過，聽過陝北民歌，有聲音非常雄壯的，有聲音非常柔美的。柔美音樂就像蘇州人唱的，壯麗的聲音就像東北人唱的。所以說音樂的方法是相同的。我們把唐代聲樂所有的材料搜集起來看，《新唐書》的《禮樂志》裡講到唐代國家樂隊裡也有叫十部伎的，共有十種，叫做十部。有燕樂，有清樂，這是中國的舊樂，中國的舊樂就只這兩部。其他八部都是西北的，都是印度來的。這就是西涼樂、天竺樂、龜茲樂、安國樂、疏勒樂、康國樂、高昌樂，另外還有個朝鮮樂。所以唐代國家樂隊十部裡面有八部是外國的，中國樂舞只有兩部。不僅如此，拿現在我們所流傳的音樂來看，有些同印度的關係非常密切。譬如現在的民間音樂裡邊，上、尺、工、凡、六、五、乙，上、尺、工、凡、合、四、一之中，上、尺、工、凡、合、四、一，就是 Do、Re、Mi、Fa、So、La、Si，但是另外還有一個六、五，這兩個音，西洋樂器裡沒有，民間樂器裡有，中國的民間樂器裡就有六、五這兩個聲音的。印度的音樂裡邊有九個音階，我們現在的民間樂器裡邊，上、尺、工、凡、六、五、乙，六、五、乙這三個是特殊的，上、尺、工、凡、合、四、一是普通的，這都是印度音樂，

與中國音樂是完全相合的。中國自己的音樂，所謂雅樂，十二個調，除了幾個半音，也只有七調了。雅樂的十二調，燕樂的九調，同印度的音階，同印度音階的尺譜，同我們的工尺譜，這裡作了個表，可以看出，很多很多的東西都是從印度來的（見附表）。它同我們民間的風俗這樣地配合，倒也是奇怪的。過去我們不能解決這個問題，為甚麼印度的音樂進來有九個音，會和我們的音樂這樣地合得上？解決不了。這兩年我們解決了。怎麼解決的呢？就是在湖北的曾侯乙墓裡邊的編鐘出來以後，有十二個調子。在全世界音樂的樂理當中，沒有再比中國這個曾侯乙墓中編鐘的調子複雜了，那就說明這是我們中國早有的呀！不過漢、魏晉南北朝已經不大用了，到唐代恢復了，我們和印度一比是一樣的。所以最初有人說，我們中國藝術本體是從印度來的，現在已經有人開始做翻案文章了，說音樂是中國去的。我們認認真真做研究工作，這個話還是要慢慢地講，可能是中國去的。不管當時怎麼樣，在敦煌裡邊雖然沒有發現太多的資料，只看見他們用的樂器，有幾種樂器在我們這個十部樂裡是有的。這十部樂很奇怪的，就是鼓這個東西，印度的鼓比我們多九種，實際上，這不過是就國家所承認的鼓而言，民間不然。民間就以我所在的雲南來講，雲南西雙版納的鼓有六種，昭通的

附：燕樂宮調理論系統表

(1) 振動數比	1	$\frac{8}{9}$	$\frac{81}{46}$	$\frac{4}{3}$	$\frac{3}{2}$		$\frac{27}{16}$		$\frac{243}{128}$	$\frac{2}{1}$								
(2) 雅律	宮	大	姑	仲	林	夷	南	應	黃									
(3) 燕律	大	黃	大	夾	姑	仲	蕤	林	夷	南	應	潢	汏	汏	汏			
(4) 印度音階	Ni	Sa	Ri	Ca	Ma		Pa		Cl ha	Ni			Sa	Ri	Ca			
(5) 印度音階半字譜	1	$\frac{8}{9}$	$\frac{5}{4}$	$\frac{4}{3}$	$\frac{3}{2}$		$\frac{5}{3}$		$\frac{15}{8}$	$\frac{2}{1}$								
(6) 半字譜	△	⊘	①	$\rightarrow$	$\Diamond$	$\wedge$	①		⑦	⑤		六	五					
(7) 工尺譜	合	下四	下一	上	尺	下凡		下工		五	六							
	正宮 沙陀調	高大 食角	中 紹 調		正平調 平調													
	大 食調	高°宮				雙角		想調										
		高大 食	中°呂宮															

	△	⑦	⑦	⊘
	黃	大	大	夾
	Sa		Ri	Ca
	宮 徵	羽	商	
	二 正工	三 五蕤六	三 四蕤六	
	d^2	e^2	f^2	

鼓有四種，這十種鼓都是不在經典上的，額外的。譬如我們中原沒有拿手敲的鼓，都是拿根棒棒去敲的或是拿着拴些線線搖的鼓——打郎鼓。可是我們昭通就有拿手敲的鼓，很簡單，拿一個厚點的竹子，外邊蒙個牛皮子，豬尿泡，就用手敲了，就是樂器，這能入樂嗎？所以許許多多印度的東西到了中國來以後，並不一定被國家所採用，但是同民間音樂是一樣的。因此，我們可以說，敦煌裡邊所看見的樂器，在唐代的十部伎裡完全有的。這些東西在中國雖然沒有了，雖然從印度來，但是拿它的樂理來看，中國早已經做過了，這是民俗音樂加入國家音樂的現象，不足為怪。因此我們說，印度舞到中國來，壁畫裡邊不說了，壁畫裡邊是有阿旃達的。譬如印度人畫的釋迦牟尼佛涅槃，睡在那個地方，圍着釋迦牟尼佛的人，都是高個子，大個子的，但是一個釋迦牟尼的全身，在他前前後後圍着幾十個人，天下沒有這樣大的人，到中國以後，釋迦牟尼佛的樣子變了，變成中國人的樣子了。

頂頂有趣的，就是四川大足，敦煌而外，大足石刻可能也算頭等的了。大足石刻的菩薩，穿四川人穿的草鞋，到中國來以後就自自然然加上那中國文化在上邊，大足佛像有許多面孔就是四川人的面孔。這是為甚麼呢？每一種文化到了一個新地方以後，一定要同它舊的、本地的文化相結合，結

合以後產生新樣子，就如此而已。敦煌壁畫裡邊，還有演奏琵琶這個樣子，印度演奏琵琶都是橫抱着的，而中國的琵琶是直着演奏的，演員遮着半邊臉，這樣子彈的，印度人是這樣子奏的，也有在背後奏的。在背後奏的，中國沒有，奏的方法還是中國化，琵琶還是那個琵琶。中國同印度的交流是很細膩的，我們要花大力氣才能解決得了。但是我們到現在為止，以我這個水平，已經知道唐代的十部伎裡有印度的東西，唐代的音樂裡邊有若干是同印度有關係的。說不定三年五年之後，國內再發現東西，都是說明中國同印度關係的。這是單就音樂這件事來講的。拿全部藝術來講，它同中國畫的關係大得不得了。壁畫，我剛才說過了，是以線條為基礎的，這是與中國的字，寫字的方法相同的。而敦煌壁畫所畫的一切人民的生活表現，沒有一樣不是中國。譬如屠宰、狩獵、耕田，耕種方法、騎馬的方式，都是中國人的。使我最感興趣的就是它的廚房，廚房裡的用具沒有一樣是印度的，都是中國的。這說明，一種文化到了另外一個地方，要是能適合這個地方的某些需要，人們就採取了，不需要就不採取。因為印度人吃飯不是拿筷子，是兩隻手抓的，因此他用不到這些東西，我們是拿筷子吃的，所以我們除了用這個筷子以外，還有各式各樣的調羹。印度人就一個盤子，飯也

放在裡邊，菜也放在裡邊，用手抓了吃，我們沒這個習慣。因此，廚房裡的用具與我們完全兩樣。我們現在一看，很多很多的東西，民間都存在，在我們古典文學裡邊，在我們古典記載裡邊也存在，那就是說，可以證明我們的文化在敦煌表現得很多。還有一件事情——服裝。服裝是表現一個民族特點的。在敦煌的服裝裡邊，尤其是婦女的面飾——我前次講過了——女人家臉上塗的脂粉多得不得了，我們只知道是塗白粉和紅胭脂，可我們古代有時是塗黑的，是有這種現象，我們在敦煌的壁畫裡看見，有塗黑粉的，有塗黃粉的、白粉的、藍粉的，臉上貼了很多花黃。尤其是額角這個地方，一是點個大紅珠珠在這個地方，然後下邊貼上一些花花：牡丹花、菊花等等；還有貼鳥的，有名的鳥都貼上來。我們讀唐宋人詞，這些記載一點也不明白了，但我們在敦煌裡邊看得清清楚楚的。這些東西在漢代，在漢人的古詩十九首裡，很多東西找不出證據來了。在敦煌壁畫裡找得出證據來。當然，從這些地方來看，敦煌是同中國畫有關係的。但是我們還要推究一件事情，為甚麼敦煌文化有這樣的重要性呢？這就要從歷史的觀點來看了。中國歷史上有個現象，就是每個朝代當它興盛起來以後，都是求佚書於天下，派人到處去搜集書籍。漢惠帝即位後就下詔收集天下的佚書，所有的書你

們都送到京師來，有的皇帝出最高的價錢收買。所以中國，一向是重視文獻的。可是儘管重視文獻，秦始皇統一中國的第一件事情就是把儒家經典燒掉，這是中國文獻的一個大禍。王莽篡漢，於是乎京師大亂，所有劉向、劉歆父子所整理出來的那些國家圖書館所藏的書籍全都毀掉，這是中國文獻遭受的第二個大災難。以下多了，董卓也把咸陽的東西燒掉了，這類事情還多。每個朝代皇帝上台後都想盡辦法收集書籍，花了很大的力氣收集起來，到了後來不是遭兵亂就是遭火燒。唐代也如此，唐太宗繼位自己訪書，到唐明皇時國家圖書館收藏着三十九萬多冊書籍，不少呀。安史之亂，全都毀掉了。所以中國歷代皇帝費很大的力收集起來的書籍到最後往往經過一個大的兵亂災難，全部毀掉。幾千年許多許多文獻就這樣子毀掉了。然而敦煌保存得很好，完完整整的。這在中國歷史上是第一次的。第一次這樣大規模地保存着，中間主要原因有兩點：一點，敦煌不是京師，不是災難所一定要達到的地方，它躲在僻遠之處，因此它的東西可以完全保存。這就是敦煌文物所以能保存的地域上的條件。還有一個條件就是敦煌這個地方很特別的，莫高窟山上的沙子是非常好的，凝固得很，好像我們這個地方黏土一樣的，水滴不下來，風沙吹不進去，就這樣個地方。頂頂奇怪的就是

在它隔壁的三危山，沙淌淌的，外面風來又堆上一層沙，戈壁一陣風來又把沙吹掉。莫高窟沒這個現象。所以莫高窟好像是天生來——這是迷信話呀——保護我們文物的地方。這些洞乾燥，書籍絕不會被水傷，潮氣是沒有的。所以千多年來，一千二百年，最早是晉惠帝的東西，差不多兩千年的東西，還保存得這樣好。敦煌地理給我們如此優越的條件。敦煌那個地方是很奇怪的，天生一個奇怪的地方，繞着敦煌邊邊都是大沙漠，只有敦煌是一片綠洲，進玉門關的第一站。在大沙漠裡旅行，大山底下旅行，忽然見到一片綠洲，人是開心得不得了的。所以印度來的大和尚都一定在敦煌待下來，待個一年兩年，把身體養好以後再走。天給我們一個好的綠洲保存我們的文化，而所有保存的東西無論甚麼都是完全的，甚麼東西都有系統，所以我們現在將研究敦煌所有的東西的學科稱之為「敦煌學」。這個「學」字是甚麼意思呢？「學」就是說一種東西是有系統的，有原始發生、發展到衰落的次序的，就叫做學。敦煌就是這種東西，就是學。敦煌所有的資料，卷子也好，壁畫也好，塑像也好，每一樣東西都可以作為我們文化的一個見證。我簡單舉個例子，譬如說敦煌的建築，中國古代的木建築樣子的保存，我們把宋人寫的一本講中國古建築的書《營造法式》所說到的古代建築木結

構的情況與之相比，敦煌裡邊都可以發現。比如我們的翹，《楚辭》裡邊的翹，就是板翹角，板翹角只在中國建築裡邊有，而且只有木構築有，石頭沒有辦法翹的。但木結構建築有個頂大的缺點，它沒有辦法展開得很大。中國建築學裡就有一個展開很大的方法，它就是斗拱。許多斗拱加呀加呀，一層一層的斗拱可以把一個建築擴大到很大。這個東西在敦煌裡也可以清清楚楚地看出來。因此呢，無論講甚麼，無論講哪一樣學問的人，都應當到敦煌去細細地觀摩兩年。講木構建築的，你去看看敦煌的木構建築，看看敦煌的壁畫。你是講衣冠制度的，你也到敦煌去看看，甚麼都有。因此我們講，敦煌這個學科現在國家這麼重視，這是有來源的。我們敦煌學這個課題，以後恐怕是會大幅度發展的。

第三講　敦煌經卷簡介（上）

詳細分析卷子是太費時間了，所以，只能來個「簡介」。名為「簡介」，還有一層意思：即限於巴黎、倫敦和北京三地所藏而言，至於日本、美國、蘇聯這些地方的藏品，沒有論及。本來應該把它們放進來的，但是，我實在不能夠了，因為年老體弱，眼力也差。不過，英、法和我國北京藏的卷子佔全部卷子的絕大部分，作個「簡介」，也大體差不多了。下面分七個部分來談，先說佛教經典的情況。

一　佛教經典

根據三地的收藏，不管是經，是論，是律，三部分都有了，並且似乎完整了。怎麼叫完整呢？就是說，大概各個宗派的東西都有了，不僅大小宗派的東西都有，而且同大小宗

派有關係的語言文字的東西也有了。譬如説，一卷佛經正面寫的是佛經，背面往往寫着這個佛經的原文，也就是梵文，或者是窣利文、巴利文等，我們據此往往還能探索這個東西是從哪裡翻譯過來的。從這個地方，我們大致可以得出一個結論：敦煌所藏佛經可能是最早的譯本，因為它把原文錄上了。不過，這個問題還有待於我們研究工作的進一步展開，才能最後定論。現在只不過透露一個方向性的消息而已。

以我所見到的三地收藏的佛經卷子，與現在流傳的佛經比較，很多已經亡佚了。日本人的《大正藏》把這些東西大體上已經收進去了。可以説，敦煌的佛經，在我們國內已經亡佚的東西，已經有人整理了，這是應該知道的。

還有一點，敦煌經卷主要是寫本，大都有抄寫人的姓名、抄經的時代背景材料等等。另外也有刻本。刻本大概始於唐代末年，唐德宗以後有了。寫本同刻本的差別似乎相當大，可能是修改的關係。刻本除了刻佛經以外，還有刻佛像的，這也是中國文化史上的一件重大事情。我國印刷從甚麼地方開始，從甚麼年代開始，是很重要的事情。

寫本也好，刻本也好，總的看來敦煌所藏經卷大體始於魏晉，終於五代末期。按年代講，經歷五百八十年左右。

在全部經典中，有非常重要的，也有次要的。甚麼是非

常重要的？就是同我國文化有關係的，同我國民間有關係的，這些都是我們應該了解的東西。所謂重要的，是各宗各派的東西。譬如我們要研究浙江的天台宗，天台宗的三部經都有，尤其是天台宗的重要經典《大智度論》。又如唯識宗，不但有《成唯識論》，而且還有《成唯識論大疏》。唐代已經開始作疏了。又有瑜伽宗，有《瑜伽師地論》。總之，各宗各派的主要經典都有了。假如把它排比一下，大概有十幾種經典是最重要的，它們就是《維摩詰經》、《勝鬘經義》、《大般涅槃經》、《妙法蓮華經》、《大方廣佛華嚴經》、《金剛般若經》、《大智度論》、《金光明經》、《大比丘尼羯磨經》、《十地論義疏》、《大集經》和《攝論疏》等，這些都是北魏以前的東西。北魏以後，也有十幾種，主要有《大乘起信論》、《觀世音經》、《佛說普賢菩薩證明經》和《大方便佛報恩經》等，這些是唐代翻譯的。五代翻譯的有《佛說光明經》、《佛說無量大慈教經》和《佛說延壽命經》等。從而說明敦煌的佛教經典的確是一個完整的東西。我們看一種佛經的寫本多少就可以知道這部經在唐五代時跟民間的關係怎麼樣。譬如《維摩詰經》是在所有發現的唐代卷子裡最多的一種，而《大般涅槃經》和《妙法蓮華經》也多得不得了。它們都是那時民間所愛好的。人們求佛免災，甚至替父母、丈夫、妻子和兒女求

佛，這幾部經都在抄寫之列。研究唐代佛經，這個問題也很重要，也應該知道。

統計寫經的多少是饒有趣味的。三地所藏到底有多少，這個問題我們應該知道。大體說來，共有七十多種，至於卷數就很難說了，因為現在發現的敦煌卷子往往是不完整的，而且我們也不敢補。譬如《金剛經》兩卷，是不是就只兩卷呢？很難說。種數大約七十多種，卷數不敢估計，這是我要講的第一點。

第二點，我想講講佛經同我們文化的關係，這是重點。佛經有幾件事同我們的文化有非常大的關係。第一件是異族文字，就是前面說及的，每部而不是每卷都是這樣。不少經卷正面是譯文，背面就是這個譯文的原文。這些文字別處是看不到的，譬如說民間最流行的《金剛經》有十幾種文字的寫本，但是，在國內，原先找不出兩種來，而敦煌發現的《金剛經》，卷子背面卻有很多奇奇怪怪的文字。這些文字可以說明我國與外國的文化交流。不僅如此，甚至於中國佛教、道教、儒家經典同外國文化的關係怎樣，也在裡面可以看出來。因此，佛經卷子背面有外族文字這件事情確是文化上的一件重要事情。這些文字，有許多連外國也沒有了。譬如窣利文，懂的人在全世界也不過幾個人。敦煌經卷不僅有窣利

文，而且還有巴利文等多種。藉助敦煌卷子，有的民族才發現自己的古文字是甚麼樣子。敦煌學在全世界為甚麼會引起這樣大的關心來？我想這恐怕是個因素。每個人都願他祖先的文化有個好的歷史記載，他們找不到這種材料，但是，中國有，這樣一來，中國的材料就至貴了。所以，外國人現在天天想辦法購買敦煌卷子，現在北京，它們的價錢高得不得了。這是最貴的文物，沒法子估價的。整個人類的歷史都在敦煌，它為甚麼不至貴？敦煌卷子裡存在外國民族的文字，是我們很寶貴的一樣東西。

　　第三點，敦煌的許多佛經在宋以後已經「亡」了，卻在敦煌保存下來。這些雖不是大經（大經是流行的），都是小經，比較冷僻一點，但是，人類文化就是這樣搞的，越冷僻越要把它搞全，所以，這些經典很值錢。敦煌佛經有很多是佚經，我搞過一個目錄。前面說過，日本的《大正藏》已經錄過一部分，可是，並不完整，因此，還需要整理。我有個提議，我們可以編一部大書，名叫《敦煌大藏經》。據我所知，北京已經有人開始討論了，到底要不要做，來問我，我說一定要做。我們把《敦煌大藏經》做好了，那麼，我們的敦煌學才算可以同世人相見，不然的話，我們是慚愧的。我們做子孫的人沒有把祖宗的文化遺產好好保存，這是不對的，一定

要做。這工作做起來是不得了的，講習班十六個同志全部投入，一輩子也做不完，恐怕要一百六十個人勉強十年才可以做得好，這是個偉大的工作。前幾年，有位同志到印度去，他懂佛經，帶了一個東西去核對。他說這個東西，我們中國沒有了，你們印度有沒有？結果查遍印度所有的圖書館、博物館，還是查不出來，印度也沒有了。中國的竟是世界孤本，真不得了。這是第三點。

　　至於敦煌佛經的翻譯有所出入，不必講了。就是同一部佛經的翻譯，文字上也會有出入。譬如「摩訶般若」這個名詞，有人就寫成「摩訶」，「般若」兩個字沒有了。而「維摩」，有的又寫成「維摩詰」。兩個卷子不同的文字叫做異文，這種異文可以幫助我們校對哪個字對，哪個字不對。「摩訶般若」是對的，其他翻譯都不好。不僅可以讓我們校勘敦煌卷子，而且還有一種很大的作用。譬如這個本子是六朝翻譯的，那個是唐代翻譯的，還有廣東人翻譯的，又有山西人翻譯的，譯者的語言不同，翻譯的用詞是不同的。因此，看翻譯名詞可以曉得這是甚麼地方人譯的，如浙江、廣東、山西等地在唐代對某個字是咋個讀法的，研究中國語言史離不開這種材料。譬如「達摩」這個人名，是廣東人翻譯的，我們現在叫「達摩」，「摩」字讀 mó，廣東人在後面加 m 音，所以，廣東

人譯「達摩」為「達摩勃」。有人說錯了，其實，一點也不錯。
所以，從翻譯的異文可以推測譯者的時代和籍貫，同語言學
的關係大得不得了。不僅如此，同我們歷史的關係也大得
不得了，因為翻譯有地名，而某個地名只在某個時代使用，
過了這個時代就不用了。譬如杭州又叫臨安，臨安這個名字
是宋代取的，宋以前沒有叫杭州為臨安的，宋以後大家也不
說的。（宋以後，文人開玩笑，把杭州寫成臨安，那是另外
一個問題。）假如某部佛經裡邊有臨安二字的話，那麼，它
一定是宋代的東西。既可以證明地理，也可以證明歷史。翻
譯的東西同我們文化的關係是如此密切，我們一點也不能忽
視。一部經的翻譯往往有若干本子，正是我們要了解翻譯的
是甚麼人、甚麼地方、甚麼時代的一項關鍵性史料。譬如鳩
摩羅什譯過《大智度論》，到唐玄奘又譯了一本，二者比較，
我們可以看出鳩摩羅什譯的譯名、風格、筆調同玄奘是不
同的，翻譯的語法、用的詞彙也有差別。一部經卷的異譯，
在敦煌卷子裡邊是很多的，有的多達八九種不同的譯本，應
該研究。到底八九個譯本，是從一個原本譯出來的，還是從
八九個原本分別譯出來的呢？關於這個問題，指導我們研究
的人現在國內是沒有了。我不禁想起我們的老師陳寅恪先
生。他是通十二門外語的，不論甚麼語言的書給他看，都能

告訴你：這是甚麼語言。這個問題是我們此後要努力的。我們以後要把有若干異譯的經追查出原本來，這同我國文化的關係太大了。所以，我們不要看輕異譯，以為單單是翻譯不同，而要看到它的重要性就在於它的不同譯本。所以，搞歷史、地理、語言、文學的人，不論搞甚麼學問的人，都得好好看。譬如說我們搞文學的人，敦煌有一種文體叫做「變」，我們迄今還講不通為甚麼叫「變」。這是語言學的責任，文字學的責任，歷史學的責任。所以說，它同我們中國文化的關係是很深的，這是第四點。

第五點，敦煌卷子裡邊還有許多講佛教歷史的。這個問題，在國內已經有人注意，就是那些研究中國佛教史的人。我們應該知道一點常識。譬如說北京藏的陽字廿一號《佛說普賢菩薩證明經》，在每一卷開頭十幾行都有一段文字，用以寫明這部經的流傳情況。其中很多是佛教到中國來的歷史，說明從甚麼地方來，到中國是怎樣翻譯的，都詳詳細細的。這裡邊牽涉到許多問題。譬如說有一卷佛贊同佛圖的目錄當中，第一篇就講當時印度本土佛教的情況，可以補充玄奘到印度取經時所說的不足，可以補充法顯（到過墨西哥的法顯）的《佛國記》所不詳。這種似乎是佛教的歷史，又是印度的歷史的材料，不僅中國需要，印度也需要。印度許多教派已

經亡了，只有中國有；許多佛經也亡了，只有中國有。敦煌的佛教經典不僅有佛教歷史，而且有印度歷史，這樣歷史的範圍就擴大了。姑且不講印度歷史，就講佛教歷史，也是我們研究中應該注意的。現代研究佛教史有幾個權威，一個是湯用彤先生，這位老先生是規規矩矩研究佛教史的，不僅懂中國佛教經典（敦煌的當然不成問題了），而且日文很好，梵文也學過，法文很好，德文很好，懂四種外文。所以，他寫的《中國佛教史》，源流清楚。研究敦煌學，關於佛教在中國的源流系統掌握得多就行，掌握不夠的就不行。掌握印度佛教在中國的情況，並從敦煌卷子裡找出來，陳援庵先生是一個。他寫過一部關於中國佛教概論的書，用過很多敦煌卷子上的材料。所以，這些材料也是我們的大財富，應該想法趕快整理出來，好好研究。

第六點，佛教和其他各教在我國的情況。佛教到我國來以後，同道教、儒教發生了關係。因此，在佛教經典裡邊，也有同道家爭論的材料，就是「三教論衡」。某個宗教同佛教發生關係以後，佛教就要批評它，不僅如此，道家也要批評佛教。只舉一個例子，譬如伯希和拿走的 P. 2862 卷的第四節，有一段文章就是漢明帝的大臣「稱揚品」，漢明帝告訴底下的大臣，說是你們還不了解益州這個地方有鍾山同張衍辯

論的事嗎？這就指同佛教的辯論，很有用的。這一類材料多得不得了，我們細細研讀敦煌的佛教經典，常常會碰到的。三教論衡的東西，河南有位老先生在研究，大體上就是從他所能見到的敦煌經卷裡摘出來的，此外，也從許多別的經典裡搜集了好多材料，主要是兩部大書，即《弘明集》和《廣弘明集》。反過來，道教對佛教也有鬥爭，最重要的一部經典是《老子化胡經》，說老聃曾經把他的道傳到了胡族住的地方，也就是說曾經到西藏、印度去講學，結果，把胡人都感化了，都從了老子的道，甚至釋迦牟尼佛是老子的弟子這種話也說出來了。這就是道家對佛教鬥爭的最好材料。《老子化胡經》到現在還好好保存着。道家經典很有意思，佛教經典分三大部分：經、論、律，道家經典當初只有老子的《道德經》，別的沒有，等到它形成教以後，也想有經、論、律，於是，就拿老子的《道德》為經，莊子的《南華經》為論，另外搞個《十戒經》為律。所以說，印度的東西傳到中國來以後，使中國的宗教也有所發展。道教後來有經、論、律這樣規模，完完全全是抄佛教的。又如佛教有一個很重要的集會，就是聽佛說法，敦煌壁畫裡有很多很多，如文殊菩薩聽佛說法去了，龍樹菩薩聽佛說法去了。道教也有，它不是聽法，而叫朝元會。因為老子早就死了，他沒有弟子傳，朝元

會就是大弟子在説法。道家有沒有真的朝元會？沒有。道家後來流變成天師道，就是現在的張天師這個道教。張天師道教雖然很早，但是，在唐代並不興盛。唐代道家已經開始搞經、論、律三部了，所以説，佛家經典到了中國來以後，受影響最大最具體的是道教。道家完全抄佛家的許多音義、品式，乃至音樂。道家經典的音樂到現在已是我國宗教音樂裡最完整的一套了。這是很奇怪的，道家經典暫且不説，但是，道家經典的音樂仍在全國流行，的確優美得不得了。有人問道家經典的音樂會不會是唐代佛家音樂？有人在探討，日本人追尋得最起勁，不了解他們的結論，所以不敢説。不過，我知道道家音樂，即所謂彈《洞經》，《洞經》就是《洞玄經》的略稱。這東西是全國哪個地方都有的，現在雲南西部，四川西部，還有兩三個地方保存有完整的道教《洞經》的音樂，規模大得很，音樂優美得很。聽説中央很關注，將來是要保存下來的。

另外，跟着佛教到中國來的還有若干宗教，最主要的是摩尼教。摩尼教到中國來以後，止於長安，後來，由長安到開封。四五十年前，開封還有摩尼教徒，五十多年前，成都也有，他們信摩尼教，讀摩尼教經典。這個問題，羅振玉、陳垣和王國維三位先生都有文章，考論了摩尼教經典的內容

和摩尼教到中國來的歷史。還有一種叫火祆教，是印度小乘宗的一個宗教，也是跟着印度大教來的。這個宗教，現在中國沒有了，在敦煌有幾個卷子，可是，我們看不懂。另外，還有一個大教，叫景教。景教經典也留存在敦煌。景教還有一塊大碑，差不多有一丈多高，它就是著名的《大秦景教流行中國碑》。此碑今在西安，唐代刻的，是研究宗教的人都注意的，因為大秦景教同天主教有關係，同基督教也有關係。巴黎有一個博物館就立有一塊《大秦景教流行中國碑》。我看見，很驚訝，我想：我們這個大寶貝被法國搶來了。同伯希和談起來，他說不是，我們是根據你們的照片，在這裡請中國匠人來幫助刻的，它是複製品。我再了解，這種複製品多得不得了，世界上，所有有天主教的國家大體都複製了。所以，景教經典是跟着印度宗教到中國來的，也是中國文化一件了不起的事情，在整個人類文化中也是了不起的事情。我們不要小看敦煌這個小地方發現的東西，幾乎整個中國文化同敦煌都有關係。此外，佛教音樂同中國關係很深，佛教藝術同我們也有關係。佛教藝術到中國後，誠然中國化了，但是，基本上還是以印度為基礎的。譬如釋迦的涅槃像，死了時候是睡着的，面孔的樣子，睡的方法，中國所有臥佛幾乎都是這個樣子，而他的背光都是一個半圓形的東西，背

光後面都是少數民族，是印度各宗派各民族的人站在後面來服教的，中國也畫這個東西。還有一點，不管是佛也好，菩薩也好，侍士也好，供養人也好，服裝全部是印度的服裝。可見印度服裝對中國發生的影響，尤其是女子服裝。唐代人都是身子胖一點，衣服都寬大一點，而衣服寬大、瓔珞被體的形象正是抄印度的。因此，唐代許多文化同佛家都有關係，需要看看向達先生的《唐代長安與西域文明》。最近西安有一組仿唐樂舞，甘肅有一組敦煌舞，都是根據敦煌壁畫來的。敦煌藝術影響到我們人民的生活裡去了。譬如我們農家打連枷，也是從印度傳來的，敦煌壁畫裡有的。所以說，敦煌的點點滴滴都同我們整個文化史發生緊密的關係。

二　道家經典

道家經典的情況與佛家經典有所不同。敦煌是以佛教為基礎的，不過，六朝以後尤其是隋以後，道教興起，凡有佛教的地方大致上也有道教。佛、道兩教，在中國歷史上始終站在對立面。宋代以前，佛教勢力大，道家雖然進行鬥爭，但是，鬥不過佛教。宋代以後，稍稍好點，道教力量稍許大一點，不過，道家的「理」不夠深，大概懂歷史、懂哲學的讀

書人對道教不太重視，所以，道教始終在民間比較低級的一些地方流行。這現象在敦煌也看得出來。

　　道家常以老子做幌子，實際上，道教與老子《道德經》是兩回事。雖然道教尊崇《道德經》為主要經典，不過它本身對《道德經》沒有甚麼發展和發揮，相反，佛教小乘宗的許多經義為道教所吸收，甚至被拿來抵制佛教，實際上，是敵不過的。

　　所以，《道德經》和其他道家經典要分開講。《道德經》的情況很簡單，內容卻很複雜，讀書人愛稱「老、莊」。在敦煌遺書中，《道德經》的卷子很多，但是，《莊子》的卷子很少，《南華經》只發現過一卷，並且很不完全。讀書人稱「老、莊」是有道理的。老子《道德經》與《莊子》，內容、基本觀點一致，理論方法的發展也大致相同。這裡只把《道德經》的情況總地講一講，大致有幾點。

　　第一點，敦煌《道德經》主要是河上公注本。後漢以來，《道德經》流傳着兩種注本：一是王弼注本，講《道德經》的理論，讀書人看的；一是河上公注本，道士看的。河上公注本往往把道教的許多東西，例如《洞玄經》這一類，放在《道德經》後面。因此，打開卷子一看，就曉得是道士用的《道德經》，讀書人是不大看的。這是河上公注本的最大要點，

不過，它控制了敦煌。王弼注本有沒有呢？有，有一卷兩卷，但是，殘破得很。

　　第二點，《道德經》卷子的紙非常講究，在敦煌卷子裡是第一等紙。唐代書寫的紙大體有兩種（當然不能說只有兩種）。一種是做過的，相當於杭州過去叫熟宣的那種紙，自然做法不同，尺幅大概是四尺宣對開後再四裁，四裁後再去點邊那樣大。做時，把一盞燈放在架子下面，架子上面鋪紙，紙上塗蠟，一烤紙就變黃了，有點透明了，所以，叫硬黃紙。這是唐代寫字紙中較為高級的紙，佛教經典沒有用硬黃紙寫的。另一種叫楮白紙，質地疏鬆，而硬黃紙很硬健。直到現在，得到敦煌卷子，還能從紙的響聲上區別開來。所有《道德經》卷子全用硬黃紙寫的。這個看縮微膠捲就沒有辦法了，所以，有許多事情一定要看到原始材料才能了解。《道德經》卷子不僅紙講究，字也講究，校勘也講究，往往最後還要錄一個郭先公（就是郭璞，道家稱郭先公）的序，接着錄個《太上隱訣》（也是個小書），最後是寫經人名字。《道德經》除了河上公注本外，諸家本子還有四五種，但是，為數很少，還是以河上公本做基礎的。

　　第三點，《史記》曾說《道德經》五千言，說寫了五千言，他就出關了。後人，特別是道家就將這個話引申出來，一定

要把《道德經》扣在五千言上。實際上，卷子中最多的有五千三百字，少的有五千一百幾十個字，最少的有四千九百九十九字。為了湊合五千言，其辦法很可笑，他們把語助詞、介詞，之、乎、者、也、於是、然而等統統刪掉，今天讀它，語氣簡直不行。讀書人讀慣傳統書，讀起來讀不下去，莫名其妙，聲調不順，意義也講不通。既然是四千九百九十九字，有人就開玩笑，說為甚麼不加一字以湊足五千言啊？回答是不好加，因為這個字一加，全部都要加的，那就加到五千三百字了。所以，敦煌《道德經》卷子，假如發現它是四千九百九十九字，幾乎就可以肯定是河上公注本，王弼注本不會這樣。通過以上三點，我們可以弄清河上公注本和王弼注本的區別。

還有一點要加以說明，唐代重視《道德經》，還有一個重要原因，是唐家自稱老子後代，唐家也姓李。雖然沒有把道教定為國教，但是，定成國家祖宗，家法裡面的頭子。敦煌《道德經》卷子，隋代以前寫本極少，大概只有一兩個，絕大多數是唐代寫本，這說明政治上同國家發生關係極大。《道德經》寫卷總數不多，我幾乎全部抄回來了，約二十卷。從年代看，唐明皇以後不大有人寫，所以，《道德經》在敦煌流傳的年代很短，不過一百年光景，也許還不到一百年。道士

們所搞的道教東西，到底比較淺薄，《道德經》，道士也不大懂，尊崇它是為了國家功令的關係，皇帝祖宗嘛，要恭敬一點，寫一點。但是，歷史不長，要是政治力量沒有了，衰退了，也就不管了。所以，《道德經》卷子主要是初唐、中唐和盛唐三個時期的東西。

其餘道教經典的內容怎麼樣呢？總起來說，大概是把《道德經》、《莊子》以及神仙家、方士們的話雜糅在一起，就成了道家經典，甚至還有許多印度小乘宗的方法在裡邊。印度小乘宗的思想很奇怪的，道教也有許多奇奇怪怪的東西。小乘宗醫學很好，還有許多講衛生的，道家也就有。現在道士搞的很多東西，有的很可笑，大概就來源於印度小乘宗。道教經典的內容大抵如此。

敦煌道教經典的卷子幾乎全被伯希和拿走了，北京圖書館幾乎沒有，倫敦收藏的很少。大量的，約六七十件都在巴黎，不能不說伯希和是有學問的。他懂得道教在宗教史上的地位。原先，歐洲知道的人很少，有的雖然知道，但是也沒有見過。所以，伯希和看到，很驚訝，全部拿走了。帝國主義搞侵略很可惡，但不要小看他們，他們裡面有人才。斯坦因拿不走，大谷光瑞也拿不走，就因為學問基礎沒有伯希和好。伯希和拿的東西都精得很，他拿走的還有許多外國文字

的殘卷，講地理、講歷史的，他也拿走不少。可見帝國主義搞侵略需要人才，因此，我們也要培養人才，再不培養，敦煌的東西就保不住。

宋太宗時候開雕，刻了一部《道藏》，把唐代所有道家經典都收齊了。但是，把敦煌經卷細細考察，發現還有若干為《道藏》所沒有的，我稱它為道教佚經，約有十幾種。

道教在中國歷史上，沒有人注意，讀書人沒有哪個人注意的。譬如張道陵，在江西龍虎山，是道教很了不得的人物。可是跑到龍虎山去找他的歷史看，一點也不曉得。道家的歷史，在敦煌經卷裡，倒發現了一些。因此，這份材料很可貴，研究中國宗教史，非有不可。我在《敦煌——偉大的文化寶藏》一書中，講得很詳細，可以參考。

此外，道、佛、儒三家，唐代以前鬥爭很多。在唐代，已經有人反對道家的「三代人」：張角、張道陵和張魯。道家經典中經常發現這方面的材料，可惜太少，無法進行分析。只覺得有人在反對，但是，說不上是哪裡來的，也不曉得是誰做的，無法推測。有人估計是和尚做的，這也是可能的，道家有反對佛教的東西，佛教也會有反對道家的東西。道家反對佛教的東西，莫過於《老子化胡經》。道家的寺觀裡有三清殿，所謂老子一氣化三清：中間是老子，左邊是釋迦牟尼，

右邊是孔子。唐代已經有反對道家的東西，這種材料在敦煌卷子裡發現了，是很可貴的。不過國內還沒有人充分注意。

三　儒家經典

儒家經典在敦煌卷子裡是重要的部分，複雜程度跟佛教經典差不多。為甚麼儒家經典會在敦煌廟子裡發現呢？大概從漢武帝獨尊儒術就開始了，民間每個讀書人都要讀儒家的書。到了後漢，取士、選才也往往用儒家經典做基礎，此後經魏晉南北朝，一直流傳下來，到唐代，儒家經典成了必讀之書。從後漢起，讀書人必讀的儒家經典有《詩經》、《尚書》、《論語》和《孝經》等，後來人識字讀《三字經》和《百家姓》，而漢初人讀的是《古籀篇》和《倉頡篇》這一類書，一個個字地識讀。可是這樣做不及一篇篇地讀，識字來得多、快，所以，東漢以後就改變方法。《論語》的語言比較容易懂，就成了教兒童的書。《詩經》容易背，而且用的詞最多，草木鳥獸魚蟲的名字都有，《尚書》多歷史材料。中華民族最看重歷史，在世界各民族中，歷史材料也最多。印度雖然也有悠久的文化，可是像我國這樣「行而有則」的史書，一部也沒有留傳下來，它的歷史夾雜在其他書裡。中國則甚麼歷史

都有，説事的歷史，説人的歷史，説物的歷史等等都有。中國人的這個習氣從春秋戰國就開始了。孔老先生教育他的學生要讀《詩》，「不學《詩》，無以言」，意思説你想在社會上有點地位，就必須讀《詩經》。《詩經》是儒家教育中主要的教科書，在《論語》中，講《詩經》的重要，是很多的。春秋戰國時期，士大夫之間應酬也常常引用它，所以，《詩經》成了儒家的要典，成了民間對歷史的愛好。中國民間愛好歷史有種種表現，譬如宗譜，計家有計家宗譜，王家有王家宗譜，姜家有姜家宗譜……中國的宗譜之學是世界罕見的。搞宗譜最了不得的是浙江人，第二是河南人，第三是四川人。他們的家譜清清楚楚，哪一家從哪裡搬來的。如王國維先生，他家是南宋時候從河南開封搬來的，一代一代清清楚楚。我們現在不大管了，但是，我們的父親、祖父輩都很講究歷史。如我們姜家，十八代祖先我都可以説得清清楚楚，哪一代從哪裡往哪裡搬等等。譜系之學在中國歷史上是非常重要的，在六朝，就是所謂門閥，王家、謝家雖然窮了，但是，姑娘絕不肯嫁給別家。唐代皇帝想要盧家姑娘做媳婦，也不可得。説是盧家門閥高，不願意同李家做親戚。門閥制度影響到讀書，讀孔家的書，孔家是宗法社會留傳下來的呀。因此，《尚書》一定要讀，《詩經》一定要讀，《論語》一定要讀。這

三書就成為敦煌儒家經典的重點。和尚念經要識字，所以，和尚也讀儒家這三部書。和尚很佩服儒家，譬如天台宗智者大師注過一部《孝經》，比儒家注的還要高明，他說的許多道理，儒家說不出來。此外，儒家經典還有兩種：《春秋經》的《左傳》與《穀梁傳》，《公羊傳》卻沒有。《公羊傳》有點造反的思想，敦煌經卷裡一卷沒有，這是很奇怪的事。我們搞文獻的人，很想找一找，我根據三地圖書館所見的卷子，姑且這樣論定。是不是後來有發現呢？不敢說。不過到現在為止，還沒有聽說。除《尚書》、《詩經》、《論語》外，《春秋左氏傳》是重要的。它的基本材料，如書中「子曰」、「詩曰」的話，都是《論語》和《詩經》的東西，所以，人人可讀。《春秋左氏傳》在敦煌卷子中分量不少。此外，還有《禮記》、《周易》等，但是，不多，《周易》稍多一點。因為《周易》的道理，通道家通得過，通佛家也通得過。講佛學的人，也覺得《周易》很有道理，讀得通讀得懂。近代浙江有一位老先生叫馬一浮，馬一浮先生在四川辦復興書院，有個規矩，把經典分給學生讀，把《周易》、《道德經》和《金剛經》三個合起來一道讀。後來有人對他說：《金剛經》不要，他同意放棄了，但是，他一定要《周易》和《道德經》放在一起讀。所以，講《周易》的也有佛教徒，甚至於禪宗。這也不奇怪，因為《易經》

變的道理就通佛家輪迴之說，和陰陽八卦之說也是相通的。
總起來講，敦煌經卷中的儒家經典，是以《尚書》、《詩經》、
《春秋左氏傳》和《論語》為基礎的，其他都是小經。

　　拿《尚書》來說，現在我們讀的是唐代開元天寶以後修
改的版本，而開元天寶以前的本子全部保存在敦煌卷子裡。
唐代衛包把所有的《尚書》改成唐代實用的字，現在所讀的
《尚書》就是衛包改定本，衛包以前的本子所能看到的只有
敦煌本子，別的沒有了。可見這個本子多麼珍貴，從漢代記
錄傳下來的，最大的價值是保存了古注。古代許多材料只有
在古注裡看得到，我們貴其古，是貴在它保存了許多古代學
說。這也是敦煌儒家經典頂大頂重要的一點。譬如《論語》，
現在讀的只有一種本子，即何晏注的本子，何晏注本也收集
了魏晉人的注解。但是，敦煌發現了皇侃注的本子，皇侃把
兩漢和魏晉之間所有人講《論語》的要點都收錄在注中了，
這個本子也就成了中國的寶典，但是，被伯希和拿到巴黎去
了。當初王重民先生在巴黎編目，有天晚上，我回旅館休息
了，深夜一點多鐘，他來敲我的門，說發現了一個大寶貝，
這就是皇侃的《論語》注。過去我只在目錄上知道有這部書，
卻從未見到。王先生有圖書館鑰匙，我們兩人立即跑到圖
書館去看，高興得不得了，並且拍成照片寄到國內商務印書

館，要他們印出來。商務印書館果然立即印了出來，有幾位老先生，像章太炎老先生見到這部書，連說可貴，一生再沒有見過這麼好的書。《春秋左氏傳》也有古注，現在通行的杜預注，拿它同敦煌本子比較，有很多出入。到底哪個好？由於沒有全部校過，不敢斷定，可是到底有不同，校出來以後就可以明白了。因此，第一件事是說，敦煌的儒家經典是非常寶貴的，它保存了唐代以前的古注。

除此而外，還有許多漢代的注本，敦煌一件也沒有。譬如《詩經》有四家，除毛家的本子，還有齊、魯、韓三家，敦煌卷子裡一件也沒有，民間也沒有流傳下來，因此無法校對，現在也無法評論。《春秋左氏傳》我們有東西；《穀梁傳》有范寧注，我們有東西；《論語》有皇侃注，我們有東西。別的東西，我們沒有。敦煌儒家經典裡的古注，是讀儒家經典的人必須重視的材料。

總結一下：

1. 敦煌所有的同儒家有關的古籍，同現在流傳的本子對看，有許多出入，從而說明敦煌卷子都是古本，都是唐代以前的古本，而我們現在的東西都是唐人以至宋人修改的東西。儒家經典的敦煌卷子最可貴的就是這一點，我們也可以根據這個卷子來考究現在本子的是非得失。

2. 所謂考究是非得失，以我的經驗講，我覺得古本裡面有許多好東西，當然也不否定說古本裡面有許多東西是不太好的。譬如道家經典裡面就有不少東西不好，像《道德經》一定要湊合五千言等。但是，在儒家經典裡面，這種東西少，頂好一點可以糾正我們唐代以後所流傳的古書，乃至於漢人的著作都可以糾正。譬如《詩經》有一篇《出車》，裡面有一句詩：「執訊獲醜」，意即逮住敵人。可是鄭康成注：「執其可言問所獲之眾。」這句話我們讀起來，意義不太明白。我們看敦煌本子，如 P. 2570 卷，作「執訊，執其可言，問及所獲之眾」。這句話是清清楚楚的，多了「執訊」兩個字，又多了一個「及」字，於是把鄭康成的話講清楚了。故而不能看成僅僅是三個字的問題，而是整個含義的問題。這種例子多得不得了。關於這個問題我比較過，一部是《尚書》，一部是《詩經》，校過以後，敦煌卷子的長處就明白了。例如《詩經‧齊風‧東方之日》，今本序作：「刺衰也。」但是，P. 2529 與 P. 2669 兩卷不是這樣講的，而是作「刺襄公也」。「衰」和「襄」形近，後人的本子誤成「衰」字之後，又刪去了公字，於是這首詩是哪個時代就不明白了。這些成果我將整理發表。所以，就整個敦煌卷子的儒家經典每個字都有很大的作用來看，儒家經典在敦煌卷子裡邊確實是很重要的東西。

第四講　敦煌經卷簡介（下）

四　文學作品

敦煌卷子中，文學作品也不少。最早談敦煌文學作品的一篇文章，是王國維先生大概在 1920 年左右發表在《東方雜誌》上的《敦煌的俗文學和敦煌小說》。中國人知道敦煌有俗文學就是從這裡開始的，我們現在講敦煌俗文學的人都承襲了王先生這篇文章來的。事實上，敦煌關於文學的卷子可以分成三大類（或四大類）：一是曲子詞，二是變文，三是一般文學理論和文學作品。

關於曲子詞，王國維先生已經說過了，在我國，第一個把曲子詞拿來加入我們文學大流的是朱彊村，他所編的大詞書《彊村叢書》，第一種就是《雲謠集曲子詞》，有三十首，大都是唐末五代人作品，國內搞的人極多，約十幾個。到現在，

還沒有得出最後結論，裡面有錯字，有與現在不同的字，還有些現在本子裡找不出的，亡佚了的東西，現在還有人在那裡大用其功。其中王重民先生的《敦煌曲子詞集》，是比較得出了結論的，至於是不是最後結論，還不敢說，研究文學的人還在搞。敦煌發現的詞不止這一些，其他的東西還有好多首，還沒有完全匯集起來。所以，敦煌學的研究還須深入，許多材料還沒有整理，還沒有發現。

第二種是變文。變文大概就是唐末五代時的說書、唱書等曲藝作品，就像我們每天晚上廣播的蘇州曲藝、上海曲藝、杭州曲藝那樣。彈一段，講一段，也就是一段詩一段文地夾雜起來，這樣一種作品，叫做變文。變文這種文體，也是舊傳，不是唐代新創。現在有人講變文是從印度來的，可能有些關係，但是，我不敢完全相信。因為在漢代人的賦裡，大賦裡有這個體式，很可能是印度的酒瓶子裝上中國的舊酒。變文裡另外有一種叫做講緣起，緣起相當於現在唱曲子的開篇，就是拿一首詞或幾句話先總的把這個內容簡要地唱了出來，聲調也特別有魅力。還有一種叫聯章詞，就是這個調子唱完後，再接着去唱，當然還是這個調子，一段、二段、三段地唱下去。這也算是變文的一個變體。

第三種是許多唐末五代人作詩的稿子，譬如岑參的《玉門

關》詩等,都在這裡發現了,甚至許多古代文章也發現了,還有文學理論的東西也發現了。我粗略統計一下,大概有這幾樣。一種是《文心雕龍》,但是,不完整,零零散散有三四篇的樣子,和現在的傳本比較,有些出入。一種是《玉台新詠》,也是六朝的東西,儘管國內現有好幾個傳本,但是,都同敦煌本有所不同。這件事應該有人去做。另外,還有《世說新語》,同現在的本子比,出入很大。雖然已經有人研究過,但是,剛開始,還可以繼續努力。還有一種東西,文體和《世說新語》差不多,不過沒有這樣好,都集中在所謂《古賢集》裡,它把古代賢人的事情加以分類,像《世說新語》一樣來分類,分成十類八類的,每類中說了很多人,把事情摘要地說幾句。大概有十卷以上,有不少好材料。這些東西,我都抄回來了,很想把它整理整理。敦煌卷子中也有小孩讀的書。小孩識字的書是《三字經》、《百家姓》等,可是,唐末不是這些。唐末有一種認字的音義,等於後人的《百家姓》一樣,不過後人的《百家姓》是四字一句,而敦煌的幼兒讀物大體上七字一句,押韻的,裡面一個字一個字的意思是不連貫的,也沒有文法,因為它不是成文的。《太公家教》是教育小孩子的書,教小孩要有禮貌,思想要純正,怎樣做人,如何待人處世等,約有十多件,東西還不少。應該好好整理,它是幼兒教育中一本很

好的書籍。搞古籍研究的人，應當重視幼兒讀物的整理。還有很多卷子背後往往寫了一首詩，不知是誰寫的。但是，材料不少，都是唐代寫本。王重民先生的《補全唐詩》就是收集了這些詩，來補《全唐詩》所未收的東西。分量雖然不算多，約三四十首，但是，多一首也是可貴的。所以，敦煌卷子中的古文學材料，還有待於我們去發現、去整理。

　　還有一種是小說，小說很多是同變文相聯繫的，有一個變文，往往就有一個變文的小說。譬如釋迦牟尼出家的故事，有變文，也有小說。最特別的是同我們歷史有關係的一件事，即《唐太宗入冥記》，說唐太宗到陰間去的故事。《入冥記》這個話是印度來的，古籍中還沒有哪個皇帝遊陰間的傳。《唐太宗入冥記》就是小說，像這樣的小說在敦煌卷子裡邊還有一些。我過去看卷子，小說的材料沒有時間細細料理，所以，我懂得少。但是，王重民同向達先生都寫過文章，尤其是鄭振鐸，他把敦煌小說的全部目錄收進了他的《中國俗文學史》。我們可以參考。

五　語言材料

　　語言材料十分可貴，細細考究，有廣、狹兩種含義。從

廣義上說，一切敦煌遺書的語言文字都是語言材料，隨着研究的深入，關於敦煌卷子是保存古代漢語，特別是唐五代漢語材料的寶庫的認識，日益為大家所接受。這是一個大可開拓的領域，近年來，取得了可喜的成果，譬如《敦煌變文字義通釋》已經發行第四版了。我這裡主要介紹狹義的語言材料。

所謂狹義的語言材料，指語言學的專著。它很早就引起學者們的注意了。當年，《國粹學報》影印過吳縣蔣氏所藏的《唐韻》，王靜安先生影寫過三種倫敦藏的《切韻》殘卷等等。所包含的內容廣泛而且複雜，因此，分類介紹如下：一是古籍殘卷，二是俗字書，三是音義，四是韻書，五是外國語言材料。

（1）古籍殘卷是指《爾雅》、《玉篇》之類，巴黎藏有《爾雅》二卷：P. 2661 卷存「釋天」、「釋地」兩篇，P. 3735 卷存「釋丘」、「釋水」和「釋山」三篇。雖然很不完整，但是，僅它是唐代古本來說，就十分可貴了。後卷末有「爾雅卷中」四字，並有題記：「大曆九年二月二十七日書主尹朝宗」，又有張真題記：「乾元二年十月十四日略 □（按：似寫字），乃知時所重，亦不妄也。」乾元二年早於大曆約二十年，明顯同正卷不合。再考兩個題記中還有一行字：「天寶八載八月二十九日寫」，似與張真題記相應。但是，大曆題記的字跡和墨色都和正卷無別，紙幅也沒有接痕，因此，可以推斷：天

寶、乾元二題記可能是後人追寫的。把 P. 2661 卷和 P. 3755 卷比較一下，無論紙質、墨色、款式、字跡，都可以證明原來是一個卷子。黎蓴齋在日本得到的唐寫本《玉篇》，與宋《大廣益會玉篇》大不相同。羅振玉考訂以後，又印過一個本子。這個印本，從各方面看，都應該屬於敦煌寫本。除以上二書之外，在敦煌還沒有發現《說文》、《字林》等字學古書。

（2）俗字書，專指唐時敦煌民間流行的幾種字書：《千字文》、《字寶碎金》、《俗用字要》和《雜辨字書》等四種。

《千字文》有四五個卷子，P. 2771 卷說明作者是鍾繇，注者李暹，次韻是周興嗣，這一說法可以相信。P. 3108 卷最完整，P. 3419 卷的後面附有藏音，可見吐蕃時代的藏人也讀它，在當時是很流行的。

《字寶碎金》是採用了 P. 2717 卷的名稱，它是辨字音的書，全書按四聲分類，每類摘錄若干俗語、通用語，也有經史中語，把內中難字的音注出。譬如「馬䮫踏所交反」，「所交反」是注「䮫」字的音；「崢嶸士爭反下橫」，又是注「崢嶸」兩個字的；「貪婪音蘭又惏」，「音蘭」注「婪」字的音，而「惏」注「婪」的異體等等。收錄的大都是唐代西北俗語，既是考唐音的重要材料，也是讀其他卷子以至唐宋以來的俗文學的不可少的「字典」。全書已收入我的《瀛涯敦煌韻輯》之中。

P. 2758 卷略有不同，它按韻分類，把常用的同音字集在一起，可以說是一種「同音字典」。由於目的不在於做詩用韻，而在於認識許多常用同音字，所以，我沒有歸入韻書類裡去講。它的韻次依陸法言，可惜只存東韻至戈韻，連平聲也不完整。據我考證，應是拿孫愐《唐韻》作依據的摘字本，也收入《瀛涯敦煌韻輯》。

《俗用字要》，P. 2609 卷原名《俗務要名林》，一卷，不全，應是唐代的一種字典。全書按事物分類編排，每類錄常用物名若干，然後逐一注上音義。今存從量名的十撮為一勺開始，以下為市部（擬）、果部、菜蔬部、酒部、□食部、飲食部、聚會部、雜畜部、獸部、鳥部、蟲部、魚鱉部、木部、竹部、草部、舟部、車部、儀仗部、□□部（應是河流部）、□□部（應是藥物部）、手部，共二十一部。這種分義類的編輯法，是六朝以來的類書體式，民間所習用。每一名詞下，都有注音，大體一字一音，二字二音，遇較艱澀的字，還加簡要的釋義。如：「樟樟竹樟也，薄皆反。軒，轂中鐵也，音工。枸杕上古佳反，下音心。」可見它的主要目的，還是注音。注音形式以反切最多，其次是直音，所注的音不出陸法言《切韻》系統的《唐韻》。書中多俗字，往往不見於通常的字書和韻書，這同寫書目的——為俗務要名而作，應

是一致的。所以，它無疑是唐代社會，尤其是敦煌地區的社會生活的寫真，可以從中考見當時語言情況和社會情況。

其他俗字書不過是上面三式的擴大而已，如 P. 2537 卷和 P. 3363 卷等。倫敦還有郎知本撰的《正名要錄》、後唐泰清二年寫的《開蒙要訓》，不一一細說。

（3）音義。敦煌是佛教聖地，佛經既多，音義必然不少。由於許多佛經的經文後面都附有音義，看來獨立的音義是不會多的。但是，在巴黎的收藏中，連玄應的《一切經音義》（P. 3095 卷）和慧琳的《一切經音義》都有了。許國霖也曾把佛經每卷正文後面的音義錄出來，如《妙法蓮華經》、《大方等大集經賢護分》、《金光明最勝王經》、《菩薩瓔珞本業經》、《大莊嚴論》和《三論》等，都是研究語言，特別是語音的重要史料。

此外，要說到儒家經典等古書的音義，如《尚書王肅音義》乃是現存儒家經典音義中最早也是最好的一種。不僅使用了大量反切，而且也注直音，標誌反切在漢末已經盛行。羅常培先生曾把它和開元本《周易音義》和《禮記音義》之一、之二合起來分析，並與通志堂本《經典釋文》相校，結果是在六百四十五條音切中，今本與寫本音切用字不同而音類亦異者只有四條，從而斷定音系無別，並說明唐宋兩代改

竄《經典釋文》，在文字訓釋方面的多，而涉及音系的少。《莊子音》、《文選音》等也很有價值，不過最可注意的有兩本。其一是徐邈的《毛詩音》，即 P. 3383 卷，同今本《經典釋文》出入極多，主要有八點：

a. 此本以音為主，所以，音多而義少。

b. 多用反切，而《釋文》時用直音。

c. 出字多少不同。

d. 引舊音多有不同。

e. 篇題分卷也不全同。

f. 音切用反字的，今本久無此例。

g. 文字不同，如「思齊」之「齊」，卷子作「齋」。

h. 多引《說文》，而《釋文》所引多不注明出處。

如此等等，可供校勘的非常之多。另一種是釋道騫的《楚辭音》，今存《離騷》的「駟玉虯以乘鷖兮」句至「雜瑤象以為車」止，共八十四行。這是今天能看到的屈原賦的最古本子，文字與傳本很有不同，似乎連宋代人也未曾見到過，所以，價值極大。這些已經全部採入我的《屈原賦校注》，此不細談。

（4）韻書。韻書的成立當在齊梁之間，隋陸法言《切韻》問世以後，有長孫訥言為之箋注，唐代取士也採用它，於是，古韻書全都亡佚。所有敦煌發現的韻書，都屬於唐人使用

的切韻一系的韻書。以我所見，如陸法言《切韻序》，就有P. 2129 卷、P. 2638 卷和 P. 2019 卷等；陸法言原書的韻目有P. 2017 卷和巴黎未列號戊卷；陸法言原書抄本有 S. 2683 卷和巴黎未列號乙卷；隋末唐初增字加注本有柏林藏 JIIVKTS卷和 S. 2071 卷；長孫訥言箋注本有 S. 2055 卷和巴黎未列號甲卷；王仁昫刊謬補缺切韻有 P. 2129 卷（國內另有羅振玉印的項子京跋本和故宮博物院印的宋濂跋本，與本卷大同小異）；改革韻系因而與《廣韻》相近的孫愐唐韻有 P. 2018 卷、P. 2016 卷和柏林藏 VI2015 卷；《廣韻》母本，晚唐諸韻集成本有 P. 2014 卷、P. 2015 卷、P. 5531 卷和巴黎未列號丙卷；北宋刊本《切韻》有柏林藏 JIIDI 等。此外，還有《韻關辨清濁明鏡》一書，即巴黎未列號丁卷。根據這些卷子，我們考得陸法言以後唐人韻書的真相及演變的方式，根據王仁昫卷開列的魏晉以來各家韻部分合和取捨的說明，我們考得了《切韻》成書的具體情況，所謂「論定南北是非、古今通塞」。於是，陸韻系統得以大明，中古音的情況得以大明，中古所本的古音也得以大明，對學術貢獻是很大的。

（5）古外國語言材料，指的是西夏文、窣利文等現已亡佚的古代許多部族語言材料，國外尤其是歐洲學術界對此很重視，而國內從事這方面研究的人還不多。

六　史地材料

　　這類卷子分量不多，但是，很重要。幾乎每個講歷史、地理的材料都可以補充正史的不足。譬如說《史記》、《漢書》等，我們一向認為是了不得的歷史正宗，敦煌也發現了《史記》、《漢書》的卷子，同今本出入很大。所謂出入很大，不是指事情有增減，而是指文字不同，可惜少一點。不過就是一鱗一爪，也是很可貴的。還有唐人著的《晉書》，說明敦煌收的東西範圍寬得很。其餘的再舉幾件，一個是《唐代職官表》，雖然兩《唐書》也有，但是，有很多不同。到底誰對，不好隨便判斷的。兩《唐書》是官修的，不敢有隨便寫的東西，因為皇帝要看，寫錯了皇帝要干涉的，所以，兩《唐書》的職官表是很可以相信的。但是，敦煌抄本也不是天上掉下來的。它必然有所根據。既然有所根據，那麼是敦煌的好，還是兩《唐書》好？就要我們好好地研究吧。關於這個，王國維先生寫過一篇文章，不再細說了。還有一個《官令品》，是做官命令的一個品，這個卷子是我發現的，因為伯希和目錄裡邊沒有，到了王重民先生編目錄時，我看到了，很欣賞，就抄錄了回來，做了一點考證文章，後來，北京大學金毓黻考證了這個《官令品》。這個《官令品》很有趣，哪個皇帝，

哪個皇后，是哪一天生的，忌日是哪一天，官是幾品，都寫得清清楚楚。這是極詳細的記錄，它可能是唐代官府中的一種檔案，而不入正史的。正史不收這些東西，正史收這些東西太複雜太瑣碎了。可是在官府檔案文書中是要有的，不然就沒有甚麼做依據了。這是很使我們吃驚的。最後還有《闈外春秋》、《春秋後語》，是講《春秋左氏傳》、《春秋公羊傳》和《春秋穀梁傳》所收納不進去的資料，也是很重要的東西。

關於地理，也有幾樣了不得的東西。一個是《沙州都督府圖經》，它應當是敦煌長官府的檔案。《圖經》說得非常詳細，詳細到沙州有多少縣，每縣有多少鄉，每鄉有多少人，多少土地，土地怎麼分配等等，都有記載。後人著《十六國春秋》，但是，沒有把沙州的東西放進去，所以，《圖經》是地方志方面了不起的書。現在，中央鼓勵各地修通志，但是，我對我們現在修的通志有些是不太滿意的，因為許多歷史上的重要事情他們反而疏忽了。我想把《圖經》推薦給大家，唐代就是這麼一個規模。這個規模是我們可以學習的。關於方志的材料還有很多，譬如《諸道山河地名要略》，哪個地方有座甚麼山，有條甚麼河，乃至小溝，都錄上了；哪個地方有個甚麼村子，村名叫甚麼，也錄得清清楚楚的。我們要知道唐代地理情況，這是很重要的東西。《沙州志》也是方志，

其中最詳細的是說了個劍南道，劍南道有十個州，詳細的情況都有了。不僅是地方、人口、土地、賦稅，而且連這個地方的經濟地理，也牽扯到了。所以，研究歷史，單單靠正史是不夠用的。敦煌給我們研究提供的資料，是十分可貴的。這是第二種。

　　第三種是關於世族、人物的材料。敦煌這個地方，有些甚麼世族、人物都有詳細記載。這個東西就是 P. 3718 卷和 P. 4660 卷，名叫《敦煌名人名僧邈真贊》，它把唐代以前敦煌出過些甚麼大人物，一個一個列入。我們考證敦煌有學問的人，大官，有道德的高僧，人民佩服的名流，譬如大書法家索靖，關於他的歷史，很少很少了。但是，在上述兩卷中就有一段索靖的文章，比較詳細的。唐代以前，世族在社會的許多方面有一定作用，譬如敦煌兩大世族：張家和曹家，他們自稱敦煌王，唐朝也封他們做敦煌王。所有圍繞敦煌的少數民族，如突厥、吐蕃等，在唐五代能夠使中原不受他們侵擾，就是這兩個世族在那裡管着。這兩個世族對這些少數民族的辦法有兩種：一種是經濟辦法，即給錢；一種是結親辦法，有了小太子，就娶回鶻的女兒做妻子，又嫁自己的女兒給回鶻酋長。這樣就成了親戚關係，安安靜靜的，差不多兩百年中，沒有出現騷擾民間的事情，世家大族有很大作用，

因此，我們應當注意。

　　還有一種《敦煌高僧傳》，為許多大和尚立了傳。假若是一個普通地方的傳，倒也不算甚麼稀奇物。因為敦煌在唐代，剛剛是從西域、印度、于闐乃至許多小國到中國來的第一站，來者都要作短暫的停留，有些到敦煌就不走了，在敦煌落籍了。有些高僧到敦煌之後，慢慢進入中原，在別的地方落籍。他們的事跡在《敦煌高僧傳》裡有。譬如鳩摩羅什，他在敦煌蹲了兩三年，然後到臨汾去，這樣的事情使《敦煌高僧傳》的價值更了不得。敦煌也有了慧遠，也有傳的，所以，我們講宗教，絕不可忽視它。還有許多官府名冊，也是很重要的。另外還有一個卷子講敦煌風俗習慣的。我們要想講中國的風俗制度，它是最好的參考書。誰想寫風俗志而找不到材料，敦煌卷子裡有，將來敦煌的風俗志可以寫得出來，別的地方的風俗志可能還沒有。譬如飲食，北方人喜歡吃羊肉泡饃，就是拿蒸好的饅頭搞碎放在羊肉湯中泡着吃，這在唐代已經開始了。卷子中還發現做牛酪、羊酪的方法，現在南方有的人會吃牛酪、羊酪，根源就是從這個地方來的。所以，民間風俗習慣的東西，如烹調的方法，殺豬、殺羊的方法，裡面都有記載。這種材料，若是去搜集的話，那是極有價值的。

　　西域諸國的材料，如于闐、高昌等小國的史料，敦煌也很多。我略加統計，譬如同吐魯番有關係的卷子，就有九件；同于闐有關係的卷子有四件；同伊斯蘭教徒有關係的有五件；同焉耆、印度往來有關係的有六件；同西天竺十五國有關係的一件，敘述到西天竺的路程，一國一國的路程。我們讀玄奘的《大唐西域記》，宋雲的《西行記》和法顯的《佛國記》，這東西是必不可少的。而圍繞中國的這些小國的歷史，現存的材料很少，有的都沒有了。應該說，僅有《西夷傳》這些書是不夠的，敦煌這些東西發現之後，是可以大大補充《西夷傳》的史料。這是我們講歷史地理的人很可注意的。日本人搞得很厲害，他們得到一個卷子，就拚命研究，三個人五個人地研究討論。所以，我們要趕快奮起直追。

　　也有社會史的材料。社會史包括的東西很多，譬如講人口的，我所抄錄的就有五種。敦煌所治有十二個縣，某縣有多少人口，某鄉有多少人口，記載都很詳細。敦煌卷子中，女人也可以做戶主，這在卷子發現以前，我們都不知道。日本中村不折也有一件，雖然材料很少，但是，問題很大。它是地方上的臨時措施，還是國家的正式措施呢？假若是國家的正式措施，那麼，說明唐代男女間關係就不像宋以後那樣分得嚴格，在宋代以後，女戶主是找不出來的。唐代可以有

女戶主，不過唐代正式是否有，我還沒有查過，請研究戶口的同志去了解這個東西。其次是授田，每個人有多少田，授田的名目多得很，有口分田、永業田等。每個人成年以後都得到一定的口分田，口分田是一定的，大家都一樣的。另外，做甚麼官給甚麼田；你有兒女，給你甚麼田。可見授田這件事情的記載在經濟史上是很重要的，敦煌卷子大約有二三十件之多。還有反映買賣關係的材料，買賣關係有兩種現象：拿貨幣的現象有，但是，基本上還是以物易物。農民拿穀子、麥子等來換取布匹等，甚至還有拿人來換物的，拿小孩、拿女人都有，也不排除拿小孩、拿女人去抵債的。這個風俗有了，這是研究社會風俗史的重要東西。

還有一件是說稅制的。田稅有了，至於其他稅制，我們還沒有發現。田稅規定一畝田納多少稅，稅也是分的，某縣有多少田，納多少稅。看來稅並不是定死在畝數的多少上面，而是定在田地能產多少上面，即按產量徵稅的。這同現在我們的田稅制有點接近。也有幾件是講物價的。這個物件值多少米，那個物件值多少布匹，這個物件值多少薪炭，那個物件值多少柴。最早一件物價是天寶四載，可以推論唐代物價到底是個甚麼樣子。天寶四載以前，物價稍低一些，天寶四載以後物價增長，從而又可以推出唐代物價的平均數。

關於工價，一個工人做工得多少錢，牧牛牧馬的人得多少錢，某個商販自長安拿回某件東西給多少錢，乃至漢人到四川去拿甚麼東西，拿回來給多少錢。關於力價，人力價錢在敦煌有好幾個卷子。一個長工，一年給多少米，多少布匹。第二年按工作的好壞酌情增減，工價都是拿米糧、布匹折算的，大體上還沒有幣制，就是公家，也是以物易物的。

敦煌竹簡是繼敦煌經卷發現以後，在圍繞着敦煌如玉門關、高昌、吐魯番等地發現的。單就孤零零地研究竹簡，過去已有人做了不少工作。假若研究敦煌的人把竹簡算在敦煌學以內，則意義更大。因為玉門關到敦煌沒有多遠的路，它的竹簡上記的物價等情況與敦煌應當相差甚微。從吐魯番到敦煌，比從玉門關到敦煌就遠得多了，物價的差距就很難説了。所以，圍繞着敦煌所出的竹簡，不僅是軍事上的史料，譬如某個竹簡説某天派多少人到敦煌駐防，某天送多少兵器給你，而且民生日用方面的材料也非常突出。因此，竹簡在敦煌材料中是很重要的。國內研究這方面的，最早是王國維先生，他關於敦煌竹簡有很多最為精當的話。王先生以後，到現在研究竹簡是有進步的。但是，開創者不是王先生，而是法國沙畹。沙畹研究中國竹簡，同張天方先生合寫了一本書，即《竹簡研究》。張天方過去是杭州大學的一位老先生，

已經去世了。自這本書問世以後，國內開始注意研究。現在我們大陸研究竹簡的人為數不多，好幾個研究竹簡的人都在台灣。

七　科技材料

大體有兩類：一類是醫學，一類是日曆，都是人民幾乎每天需要用的東西，所以，在敦煌卷子裡面佔着比較重要的位置。但是，不是說人們生活裡只有這兩件，而是說，這兩件東西非寫在書本上不可。廣義地說，敦煌保存的一切，都是科技材料，譬如卷子本身，紙是科學，紙有楮白紙、硬黃紙，它們是怎樣製造的也是科學。墨和筆也是科學。現在用的墨最出名的是用黃山松樹做的「黃山松煙」，古代的墨又是甚麼做的，怎樣做成的，也是科學。還有許多用朱砂的地方，朱有兩種，用得最多的，是現在叫做朱標的，有點金黃色，紅是紅的，偶然間也有用胭脂的。用甚麼來調朱或胭脂，成分怎樣，有一定規矩，也是科學。又譬如所有敦煌壁畫都畫得非常豔麗，所用顏色與現在是不同的，現在多是植物性顏色（藤黃除外，但是，連黃也並不全部是藤黃礦質，還有姜黃等），但是，壁畫用的百分之九十以上是礦物質。譬如，那

藍色和綠色，就是銅質的，即銅上面的顏色，這也是科學。總而言之，繪畫也好，卷子也好，全部所使用的東西，都足以說明唐代科學水平已經達到了甚麼程度，很值得研究。所以，敦煌的東西，不單單是搞文字的，搞社會科學的，而且，科學家，不管工業也好，農業也好，醫學也好，物理學也好，都應當參加的。譬如，唐代的紙到底與六朝的紙有甚麼差別，與漢代的紙有甚麼差別。現在知道，中國的紙始於漢代，蔡倫造紙就好像是中國紙的最早發現。可是，我們現在考古學已經發現，早已有紙，蔡倫紙同後代紙又大不相同。蔡倫是用漁網來造的，但是，後來人拿樹皮、拿甘蔗皮、拿草來造紙。在蔡倫用漁網造紙以前，我國已經有紙了，最早的一張紙，現在澳大利亞博物館，它是人類僅存的一張最早的紙。根據澳大利亞研究的結果，這張紙，在空氣中，可以經歷一萬年。唐代的紙種類是很多的，有用樹皮造的，叫楮白紙，這是最粗劣的，大都是北方造的；有用漁網造的，有用甘蔗皮造的等等。總之，敦煌所使用的物品，沒有一樣不是我們科學家應該注意的，雖然，真正記錄科學的東西，只有醫學和日曆。這兩樣東西，一方面要有老師傳授，而另一方面都比較需要文化水平。下面分開來介紹。

　　先講醫學，到現在為止，在敦煌發現的最早卷子是開元

六年九月寫的，叫陶弘景《本草》。這部《本草》有注，是最古的寫本，未經人改竄過的。現在流傳的所謂《神農本草》、《證類本草》和《食療本草》等等，名目很多，但是，最早的，到現在為止，恐怕還要數陶弘景這部《本草》。當然更早的還有漢代人的《本草》，但是，它雖然也流傳下來了，靠得住還是靠不住，有沒有經人改過，都是問題。且不說這些，拿這個卷子所記載的情況看，裡面有幾句話是唐代以後的傳本裡常用的，說醫病的人不僅要看疑難雜症，而且，普通病症裡邊有兩樣東西也是要注意的，這就是熱病和寒病及其差別。因此卷子上就有兩種符號，屬於熱病的用紅筆點出來，屬於寒病的用墨筆點出來，普通病就不點了。醫書中劃分得這樣清楚，到現在為止，只有這部書，在它以前的傳本，是沒有的。但是，現在留存的在它以前的傳本，卻有陶弘景這部書中熱病、寒病以及普通病的差別符號。是不是可以說是陶弘景抄舊的？就算陶弘景抄舊的，也保存了舊醫書的一種本來面貌。但是，一切唐代以後的醫書，引這話都說是根據陶弘景的，因此，可以說這樣打符號是從陶弘景開始的。這卷子不僅是中國醫學的大寶貝，而且，也是人類最古最早的東西。印度也有一個很古的講醫學的本子，我們不清楚印度古本的情況，還有待研究。而我們這部《本草》，已經成

為全世界研究得很起勁的東西，它是敦煌醫學科學方面的壓卷之作。另外一種是一個叫李勣的人寫的《本草》，有五六件之多，這是唐代人自己著的書。雖然如此，但是，大體上還是抄陶弘景的，可能還有陶以前的東西。陶以前的東西已經亡佚了，只在敦煌卷子裡邊才能夠看到它。所以，許多問題在中國醫學上還沒有完全發現出來，經過研究，將來在整個醫學界可能有大的突破。我國醫學，有許多東西有人講是不科學的，不管它科學也好，不科學也好，我們要實驗，等到大批實驗以後，可能我們會證明有許多在世界上還沒有發現的東西。不過，書是亡了，要是沒有敦煌這幾個卷子，我們醫學就追溯不上去，就停止在一個地方了。假若停止在唐代，就可能被人說成這個東西是從印度來的，那個是從西洋來的，都說成是他們的了。我們先人自己的創造，發明權卻被外國人拿去了，這是不應該的。我們不是小氣，本來醫學是為整個人類服務的，中國人可以用這個藥，西洋人也可以用，但是，我們要算對人類的貢獻，這是應該爭執的，這是我們的貢獻。這是關於醫學的第二件卷子。

第三件叫《食療本草》。正式的《本草》的醫理是用藥來治病的，唐代以後發現一種通過飲食，利用食物治病的辦法。現在民間還有，譬如豆腐，這是外國沒有的，只有中國有。

在唐、宋人的記載裡面，起初是為了治病，後來逐漸成了民間食物中最主要的東西之一。有一個外國人寫過一篇文章，說在全世界，中國人的炎症最少，他歸之於中國人吃豆漿、豆腐，這話很有道理。我國尤其西南一帶，豆腐渣（即擠出豆漿後而剩下來的渣）是當菜吃的。豆腐渣治療炎症很有效，我們西南一帶，民間有這樣的風俗：甚麼地方生毒瘡，就拿豆腐渣敷在上面，幾天以後就好了。在民間流傳的東西常與傳統有關，所以，《食療本草》就記載着哪種豆子可以治哪種病，譬如大豆治甚麼病，豌豆治甚麼病，綠豆治甚麼病，等等。民間有一種風俗，到了熱天，大家都喝綠豆湯，因為綠豆是清涼的。這種事外國人是想也想不到的，他們到了熱天，熱得沒有辦法，找不到東西吃，只有灌冰了。待到同中國交往以後，綠豆湯先傳到意大利。所以，《食療本草》是我國醫學上一種很特殊的療法。飯是天天要吃的，吃些甚麼菜，就可以治甚麼病，這是中國人的一大發明。關於這個問題，現在世界醫學界也很重視，譬如我們吃的玉蜀黍，它的油治高血壓是最好的東西，中國人是早已曉得的。《食療本草》在民間是亡佚了，但是，在敦煌，發現了好幾個卷子。此外，還有好多東西，前些年，浙江省圖書館出了館刊，叫《文瀾學報》，載了朱宗瀚先生的一篇文章，內容是關於敦煌本《本草》

的研究。這篇文章很重要，在國內，除此以外，別的還很少看見。日本人得到敦煌的《本草》卷子，在大量地研究。這個東西，日本人研究得比我們好，這是我們應該警惕的。

還有醫方，害甚麼病，開甚麼方子。外國也有醫方，但是，都是成藥。中國卻不是，都是拿原材料來配搭。中國醫學的長處在這個地方，短處也在這個地方。你要是學得不好，看病是不行的；學得好，看病是了不得的，所以，醫方在中國醫藥上是很特殊的東西。外國人用成藥，眼睛痛，滴一點甚麼藥水；肚子疼，給一種甚麼藥。中醫也給藥，但是，這藥都是醫生臨時配搭的，三個醫生給三個病人看病，雖然都是肚子疼，但是，彼此的開方可以不同。為甚麼呢？中醫的醫方是結合整體診治的，你說我這個地方跌傷了，起了疙瘩，可以給你配一種藥，不是塗傷口，而是在了解了你的身體以後，給你吃一種藥，自己消掉了。它是從整體來看問題的，這正是中醫、中藥高明的地方。中醫很少有所謂特效藥，西藥幾乎都是特效藥。特效藥就是對這個病用的。用中藥，沒有太大的毛病，不過有一點，就是醫生要學得高明，要是不高明，是會害人的。

敦煌的醫方，我所看見的大概有六七個卷子，它們同現在的方子是不同的。現在開的藥方大約有十二味、十四味，

而敦煌的藥方頂多是四味，都很簡單。還有一種藥方很特別，就是吃了這個方子以後，還要吃甚麼藥，飲食要怎樣調理，叫《療服石藥方》。我曾把它的特點很詳細記載過，用這種方子治病，不僅可以治癒，而且從此可以永久根除。

還有兩件東西同醫藥有關係，一種是講針灸的，哪個穴位怎麼樣，哪個穴位管甚麼毛病，唐代醫書中有的，敦煌醫書中也有，大概有三四個卷子。這些書不僅僅我們後人看不見，連兩《唐書‧藝文志》也沒有著錄，是很奇怪的。因此，就有人懷疑，這種針灸方法可能從中國西北來的，但是，也沒有特殊證據。我們現在的針灸，不僅在國內，而且在全世界都是了不起的。從全世界來看，只有中國有針灸，別的國家沒有。針灸情況在敦煌卷子中說得非常清楚，人身上的穴位說清楚了，哪個穴位針治甚麼病也說清楚了，譬如咳嗽，就針左右手的虎口，不用吃藥，再嚴重的咳嗽，一針就好了。聽說有位針灸專家研究過這類卷子。另外，近來報載北京有一位姓王的醫生，用的是古方，他的針不像一般針灸用的針，一根插下去就算了。他用的是金針，金針上有一個洞，針灸時，他把艾放在上面，一烘，有股熱氣鑽了進去，這種針的效果最大，普通針是銀針，銀針沒有洞，而金針有洞。據他講，他就是得的一個古方，我相信這個古方是有的，那

麼究竟在卷子中載沒載着，不曉得，不敢說。

切脈也是中國人的發明，現在流傳最廣的是《脈經》，是六朝的東西，但是，已經亡佚。現在流傳的都是唐、宋以後人的輯本。完整的一件在敦煌發現了，叫《玄感脈經》，這是中國醫學了不得的事情。他們的經驗是從哪裡來的？斯坦因在玉門關曾經發現一隻藥箱，裡面裝了若干藥，應是漢朝人送給在玉門關一帶守邊的軍士用的，這些藥的品名，一直到現在還沒有完全了解。假若了解以後，同敦煌的《本草》、《食療本草》肯定有關係。我們國家在不斷地發現許多東西，也在不斷地說明我國文化水平是如何的高。假若把敦煌的東西同玉門關，乃至於同吐魯番、高昌等新疆的東西結合起來研究的話，我國古代文化許多東西，還可以有新的發現。所以，現在的敦煌學，要把吐魯番的文物結合起來研究，可能這是一個大的體系，以上說醫學。

下面講日曆，現用的日曆，是新式日曆。而舊式曆書不同，除了哪一頁哪一天以外，底下一定有甲子，甲子下還有一個黑圈，裡邊注利忌日（寫着今天是專門利於東方或西方或東西南北，利於結婚，利於出喪或利於甚麼，不利於甚麼等，這就叫利忌日），這樣的曆書叫具注曆，在我國歷史上通行得非常久，非常早。敦煌發現的也有具注曆。解放後，

具注曆不用了。解放後的曆書講現在可以耕田了，可以栽秧了……專門講農事，別的事情是不講的。將來說不定再隔若干年，工廠裡，如織布工廠或打鐵的工廠，可能也有甚麼時候應該織布，甚麼時候應該做甚麼的玩意兒，這是一種經驗，人類自己的經驗總結起來以後，寫在書上，要人們照着去做，就是如此，並沒有甚麼了不得的。

敦煌也有一樣東西同現在的曆書差不多，即七曜曆，大概有八九個卷子之多。外國人說中國沒有七曜日，是我們西方傳去的，是摩尼教傳教士帶來的，於是乎，它的發明權就屬於摩尼教教徒去了。但是，這是外國人講的，講得最起勁的是法國人沙畹。沙畹、伯希和兩人對於中國的東西是研究很深的，但是，他們有一種看不起中華民族的思想，甚麼東西都不是中國的創造。我國很早已經發現美洲大陸，史書上清清楚楚記載着，但是，他們絕不肯承認，說一定是他們的哥倫布發現的。以前，爭不贏他們，因為他們的政治力量大，可見，文化學術也服從於政治，我們沒有辦法，我個人就有過一次體驗。在法國時，寫過一篇文章，說美洲是中國人發現的，根據就是法顯的材料。一家雜誌準備登載，送給伯希和去看，他不看文章，看到題目就還給我。連聲說：「不可能！不可能！不可能！」我很氣憤，但是，他年紀比我大，

地位比我高，沒法說，只好收回來。他們就是如此。七曜曆本來在中國是古老得不得了的，《易經》說「七日來復」，春秋以前已經講了，為甚麼你們研究中國的東西卻不管這個呢？你們說七日來復還不能說七曜，那麼，漢文帝時，七曜之說已經在歷史上看見了，《漢書》是東漢時寫的，還有甚麼可講的？不僅如此，《漢書》之後，曆書不斷地記載了七曜的話。所以，這些事是令人憤慨的，不能不爭的。過去我們政治上沒地位，我們爭不贏他們，可現在我們政治上站起來了，他們不敢說這個話了，我們現在更拿得出東西來。中國歷史上的七曜曆有幾樣東西同現在不同，七曜是日月金木水火土，即五行同日月，他們說的不是。他們利用了有一個敦煌卷子中七曜的名稱，譬如日曜日用「密」字來代表，月曜日用「漠」字來代表，土曜日卻叫「雲漢」，等等。其實這些名詞都是譯音，至於譯哪裡的音呢？到現在還沒有考證出來。大概不會是印度的，印度雖有七曜之名，但是語音對不上，同摩尼教民族的音也對不上。儘管敦煌發現七曜曆的日曆名字，我們還不了解，但是，不能為了一個名稱就否定這件事同中國有關係。這些名稱可能原來是中國的，外國人來了之後，用了外國名字，如此而已。等於中國有名學，而外國叫邏輯，於是有人把中國名學叫中國邏輯。「邏輯」兩個字是

翻譯「logic」的，因此，不能說邏輯是外國的，中國沒有邏輯。七曜日的名字雖然不是中國的名字，可是，中國有七曜日，日月金木水火土，這些名字是哪個國家的，誰也拿不準。不過，這件事也有大好處，可以根據這些名字查我們西部、土耳其、巴基斯坦、印度以及中東一帶的民族，會不會是希臘的、羅馬的……要有人研究。可惜我是沒法子研究了，外文懂得太少，這件事要大家努力，不努力是不行的。連先人的東西我們都不知道，而被外國人強佔去，這是我們的恥辱。一個讀書人應該知恥，恥在哪裡呢？就在我們自己的東西被人抓走了還不曉得。

敦煌曆書還有一點很特別，歷史上所有皇曆一定是中央政府頒發的，唐代也是如此，可是敦煌卻自己搞日曆。大概在唐末五代，唐家在河西走廊以西已不大有力量了，曆書頒發不到了，沒有辦法，就自己造曆。因此，敦煌有好幾位大曆學家，最重要的是翟奉達和翟文進父子倆，也可能是叔侄，所有敦煌曆書都是這個系統的人造的。因此，敦煌曆書保存下來，不僅可以考見那個時代的政治力量情況，而且也了解到這些曆書同中國舊曆書是配合的。所以不要小看這個卷子，牽涉的面很廣。除了這個曆書而外，還有兩樣東西也應當曉得：一是占星術，看天上星宿，就是舊史書的天文志，

哪個星宿是怎麼樣的，在哪裡，哪個星宿哪個季度在甚麼地方等等，記載得很詳細。大體說來，敦煌發現的占星術同中國舊的占星術沒有太大的差別，雖然不像七曜曆那樣可貴，但是，也是一個好東西。第二種就是日曆，日曆帶動着占星術以及當時的民間風俗，就是說到過的利忌日等，幾乎民間風俗全拿具注曆來指導，這是一件很大的事情。單單把利、忌這兩件事拿來看，就可以知道唐代民間風俗，我微微研究過，這個風俗同農業的關係最大，從而說明唐代還在農業旺盛時期。

總之，卷子中的寶貝太多了，整個中國文化都在敦煌卷子中表現出來，不論甚麼文化，乃至於武化，也在裡面。譬如少林寺，雖然是唐以後的東西，可是在唐代已經有僧兵，廟子裡的兵都講打的。在敦煌那個時代，廟裡養了若干小和尚，從小教以拳術、刀槍等十八般武藝，成了大兵。有些皇帝就利用僧兵奪取政權，這種事在唐代以前就開始了。所以說，敦煌的材料不得了得多，看見這些東西，有點愛國心的人真是感激涕零的，為後世子孫好好保護我們的文化，是我們最大的責任。

第五講　敦煌藝術內容簡介

　　我不是搞藝術的，這裡只從敦煌藝術同整個文化的關係上講一講，主要目的是為講文化服務。我們所見的中國最早的藝術品，是在殷墟出土的，是商代的東西。殷墟發掘出來的幾個石俑，有一個是站着的，手拿一支手杖，穿短衣，形象同現在的北方人相似。這是中國人物造像中最早的一個，用的是硬石，即現在所説的硬玉。還有一個也是用硬玉刻的、蹲在地上的老頭子，臉面似乎是原始人類的本來面目。從中可以看出：在殷商時代已經有模擬古人樣子的藝術品了。此外，還看見許多其他的玉雕，龍啊虎啊之類，玉雕的龍和虎在殷墟發掘出來的東西中是最多的，當然也有玉雕的蟬和其他鳥獸。這些東西跟我們的繪畫，跟我們的文化關係很大。如玉雕的蟬大概就是古人死後含在嘴裡的東西。古人把玉看得很重，製玉的工人很多，可能有很大的製玉工場，

所以，在古代文獻裡，經常提到玉甚麼玉甚麼。紂王就是穿着玉製的衣服燒死的，武王打到他宮裡去，發現有幾萬片玉石，都是刻好了的。從考古學角度來看，所有這些玉雕除了鳥獸蟲魚而外，都是象形的。有一大部分是古石器時代的，仿照原始人類的石器來雕刻的，用來佩戴在身上，這是民間風俗轉而成了禮俗的例子。民俗轉而為禮俗，禮俗轉而為民俗，這兩件事情在中國文化史上交錯進行着。玉在中國古代為甚麼這樣受重視呢？主要同藝術思想有關，希望雕個小蟲，或老虎，或飛鳥等等，作為一種藝術品來欣賞。再有一個原因就是，當時人們願意用玉雕成斧、鑿、鑽等工具，作為勇武的象徵，佩在身上。中國人喜歡用玉作佩，一串串有象天的，有象地的，有像人的腦瓜殼的，還有像人身的其他部位的。到了周代，就有佩芳、佩用、佩德等等的說法。甚麼叫佩芳呢？大概上邊是一個佩玉，底下拴一個香囊，這就是佩芳。佩用呢？就是射箭時用玉製的板子，因為弓弦彈出去，會把手彈壞的，所以，用玉做過板子。佩德呢？就是佩個玉表示自己有道德。這有兩種作用，一個人身上掛着一大串玉，走路時就不能亂跑，就得慢慢走，因而也就顯得規規矩矩了。朝見統治者戴甚麼樣的玉佩，都是有規定的。我們看古裝戲，不是他們手中都拿着朝片嗎？後人的朝片是象牙

做的，上古的朝片是圭做的，要稟告甚麼事情，就寫在這上面。見天子，見父母，要稟告甚麼事情，都要寫在這上面。玉的作用在中國古代是很重要的，因而用玉做藝術品是很普遍的。到春秋戰國以後，它就成了禮俗。一個人有甚麼品爵就佩甚麼玉，例如天子冠上有十二股旒，上面都是玉石珠子。大夫有大夫的佩，讀書人有讀書人的佩，小孩子也可以佩點甚麼東西。春秋時，玉佩的名堂，成了一個很重要的禮制。所以，天子冊封皇后要用玉做玉簡，刻字在上面。諸侯相見，會盟，賭咒發誓的載書，也是用玉做的。這些年來，考古工作者發現玉製品很多很多。

到周末殷初，又有一種新藝術品，這就是青銅器，鐘啊鼎啊，等等。這些東西都是用青銅做的，甚至洗澡用的大缸也用青銅去做，裝東西的盤子也都用青銅去做。銅器上的花紋也是古代藝術，也是了不得的，只是國內還不大有人作過詳細的研究。歐美學術界人士研究中國銅器上的花紋，成了風氣。當初，我在國內，也搞搞銅器，可是，我並不太懂，等我到巴黎，去看他們的博物館。有個博物館專藏中國銅器，在他們的展覽櫥裡放一個中國銅器，牆上貼着說明，我看到後很有感慨。他們把那個銅器的合金成分寫得清清楚楚，還把這個銅器上邊的花紋是甚麼也都說得詳詳細細。

我大為驚訝，這裡邊有很多學問，也是我們中國文化史上的寶貴財富。我立即抄下，回國後，給研究銅器的朋友看，他們也很驚訝。銅器上的花紋是有學問的，國內現在有人注意了，但是，沒有寫成具體的東西。例如容庚先生是我們這輩人中研究銅器最出名的，他也說不出道理來。銅器上的許多花紋，都表現出一種意識形態，甚至表現出一種民間的風俗習慣，這是我們要好好學習、好好研究的一個方面。

除此而外，古代文獻裡還有屈原的《天問》，這篇文章應該說一說。王逸說《天問》上的東西，都是當時的圖畫，畫在牆上的圖畫，等於我們後人的壁畫，就像敦煌莫高窟的壁畫。《天問》裡的這些畫從天地鬼神人到草木鳥獸蟲魚都有，可以說是中國古代藝術的總匯。天是怎麼畫的，地是怎麼畫的，人是怎麼畫的，物是怎麼畫的，都有一定的道理。後人拿這個東西來猜測和模擬，畫些天問圖之類的東西。宋以後畫天問圖的人是很多的，畫得對不對，姑且不論，至少可以窺測出幾分來，儘管不一定都正確。這一批畫同記載這圖畫的《天問》，是很值得研究的。這關係到我國壁畫的來源。還有唐代人寫的文章，講秦始皇造阿房宮（當然這篇文章是想像的作品），也是很有氣勢的。從近年在秦始皇陵出土的兵馬俑看，那規模也確實是很大的，兵俑馬俑同真人真馬大小

差不多，人很魁梧，有騎在馬上的，有牽着馬走的。所以，中國的藝術品是了不起的。有一隻銅製的天馬，在表現它飛跑的氣勢上，藝術家的想像力真是豐富，這匹馬是在天上狂飛。正因為它表現了高超的藝術手法，美國博物館拿它去作為博物館的徽章。這些東西同莫高窟的東西，是可以接上氣的，文化中的線索沒有斷，這是我們應該曉得的。從秦始皇陵的兵馬俑有那麼大，可以想像唐代人誇張的《阿房宮賦》裡的描寫也是有可能的。我國的藝術在戰國以前，就已經是了不得的。如音樂，在湖北省隨縣發現的曾侯乙墓中的樂器，拿樂律來校，就是世界上最完整最早的樂律，比歐洲的早八百多年。可見，我國古代的文化該有多麼高的水平啊！

秦代以後，繪畫已經很盛了。屈原的《招魂》有「像設君室」的話，是告訴楚懷王：快回來吧！你的房子裡擺上了你的畫像。可見，戰國時候，畫像已是很普遍的事情了，現在，這些戰國以前的東西都幾乎考不出來了。近三十多年來，考古工作者發掘出一些文物，這是很大的成就，説不定若干年後，還能發現一些更寶貴的東西。在山西、陝西一帶發現的所謂載書，記兩個諸侯會面發誓，誓詞寫在玉石上，用朱筆寫的，那時我們中國就用顏色了，不單是用墨寫字，而且也用朱寫字。這些東西，將會一樣一樣地被發現。敦煌所有的

藝術品，幾乎沒有一樣找不出它的老根來。我們研究敦煌藝術要同我們的老根相結合，不能只用敦煌藝術本身的進退來研究敦煌藝術。

兩漢的藝術在我們的文獻裡是非常豐富的。漢代的政治制度本來是跟着秦家走的，在文化上，許多事情是採取把所有老百姓的能量都集中到長安了，不論官家也好，民間也好，都有許多詳細的記載。先講民間的，如山東孝堂的石刻，是人人都知道的，這是民間做的事情。民間祖先的墳上，刻着二十四孝，多得不得了。除此而外，有刻古聖先王的，有刻園林的，有刻房屋的，有刻花鳥魚龍的，有刻太陽神月亮神的，多得不得了。我們研究漢代畫磚，材料最為豐富。聽説科學院在整理這批畫磚，將來有可能有一部中國歷代各地畫磚的專書要出來。姑且舉四川成都楊子山畫磚為例，有伏羲同女媧的像，有日神月神的像，還有當時的人情風俗，有耕田的、犁地的、射鳥的、打獵的，還有建築物、亭台樓閣花園，應有盡有。所有這些藝術都是民間的，不是國家的，但是，豐富多彩啊！我看過它的一個亭台樓閣花園的像，真是了不得。這個花園外面砌有圍牆，畫家是站在圍牆的高處，通過圍牆看裡面的東西，看得清清楚楚，哪個是亭，哪個是台，哪個是房子，哪個是花圃，哪個是水溝，樣樣都有。這

樣精心結構的藝術品，後代的畫家去臨摹恐怕還要花點力氣的。民間的藝術，是我們中國藝術的主體之一，但是，我們現在見到的很少，文獻上也不大記載。不是我們老百姓的文化水平低、藝術不好，而是記載的工具掌握在統治階級手裡，他們把自己的作品記得非常完整，而講到民間的東西則比較簡略，這是我們應該注意的。至於官家的東西，像漢文帝未央宮裡承明殿上的大壁畫，是很有名的；漢武帝甘泉宮的天地鬼神的壁畫，是同我們的天文相通的；還有漢昭帝賜霍光的周公負成王畫，是畫人的，周公輔佐成王，安定了周家的天下，霍光輔佐昭帝，也把漢家的天下安定了，所以，就賜一幅周公負成王圖，把霍光比擬成周公。這幅畫很好。漢宣帝有個麒麟閣，麒麟閣裡把所有功臣都畫個像在上面。漢成帝時在甘泉宮畫趙充國的像，還有匈奴人的像，也有毛延壽在宮中所畫的那些像。傳說中不是有個毛延壽為王昭君畫像的故事嗎？匈奴王來向漢家求婚，漢元帝就把毛延壽畫的王昭君畫像送去了。當漢元帝親眼看到王昭君時，覺得她漂亮得不得了。後人說王昭君的出閣是失之於毛延壽的畫本，他畫得不漂亮，若畫漂亮了，漢元帝就捨不得把她嫁出去的。不管怎樣，毛延壽在宮中的畫像是不少的，歷代都有記載的。還有毛延壽的一篇《魯靈光殿賦》，跟《天問》一樣，是講魯靈

光殿像畫的是甚麼，畫的東西很多，天地鬼神都有。還有雲台地方的二十八功臣像，也是有名的。不僅如此，漢武帝時還設立了一個衙門，把能畫的人都搜羅進去，叫做秘閣。這個秘閣，把天下的畫都收藏起來。漢靈帝自己會畫畫，也非常喜歡畫畫的，他另闢了一個畫室，又創立了鴻都門學。明帝時，佛教傳入中國，畫家就把佛教經典裡的畫畫在白色的甄上，還有的畫上佛像。當時，這些東西造得很多，都在所謂清涼台上和他的顯節陵上，內畫了天神萬騎繞塔走的像。天神萬騎繞塔走的像同敦煌的張議潮出行圖、曹元忠出行圖很相似。那時在洛陽的白馬寺裡，集中了天下好多藝術品，這些東西，漢家是好好保存的，董卓之亂燒毀了，這是中國藝術史上的一個大損失。漢代造型藝術的水平已經很高，有畫天地鬼神的，有畫人物的，有畫建築物的，也有畫故事畫的，就是說，敦煌壁畫和彩塑這一類東西都有了。還有一件是別的國家所沒有，只有中國有的，在敦煌只發現了一個，就是所謂葛苧的像，就是拿麻做成一個人的殼殼，然後用漆漆起來。這苧漆的像一直到今天，敦煌石窟裡還有。這種工藝到了明代以後還有，浙江天台就有一個葛苧的像，麻織得很細，織在頭上，織在身上，織好了以後，慢慢地剝下來，拿漆漆起來，於是就成了一尊像。拿漆造像，這是世界上其他

地方所沒有的。現在還有許多埋在地下的文物，沒有拿出來，如漢代有銅鼓，銅鼓上還雕有許多花紋，現在這東西在廣西、雲南、貴州都還有。雲南博物館現在大概藏有幾十個銅鼓，不僅雕刻是細緻的，而且上面還有用銅做的人喲牛喲馬喲，等等。我們曉得諸葛武侯征南蠻時，他用的蒸飯的甑子，就是銅鼓。銅鼓這東西在西南流行，沒有進到敦煌去。象牙雕刻在敦煌也發現一個。象牙雕刻的東西，在廣東、福建、雲南這些地方，是了不得的。一個象牙可以雕成十八層，每層裡邊又雕成十八學士登瀛洲，山喲水喲鳥獸喲挑夫喲，等等。這個藝術並不是外人傳的，是我們中國人自己的。聽說羅斯福總統六十歲生日時，我們中國送給他一個雕刻，將羅斯福總統的像雕上，每根頭髮每根眉毛都是一句英文。整個像不過四寸多大，這個工藝品真是了不得的呀！敦煌有刻經，木刻的經典，刻得很細緻，連現代雕刻家也讚歎不已。雕刻在敦煌是有的，再往上推，敦煌以前的雕刻，漢代的雕刻在考古中發現得很多。我們的文化是古老的，是光輝燦爛的。

　　關於敦煌藝術的來源問題，國內已經有人討論了。有人說敦煌藝術是從印度來的，好像同中國沒有甚麼關係。他們這樣說的理由是，認為敦煌藝術的主要材料都是印度佛學的東西。我個人認為，這話有一部分是正確的，如釋迦的塑

像，當然是抄印度的，佛經裡面的故事也是從印度傳來的。
這是事實。但是，有個問題應當說明，如釋迦的塑像是原封
不動地從印度抄來的呢，還是抄它的大概呢？假如是原封不
動地抄來的，我們就應該承認敦煌藝術是從印度來的；假如
不是，而是只抄它一部分，那就另作別論了。據我所知，有
些材料（素材）是從印度來的，而藝術本身（塑成一個像，
畫成一幅畫）卻是我們自己的東西。譬如釋迦涅槃像是哪個
地方都有的。釋迦睡着了，靜靜地睡着了，他的右手托住右
腮，左手長長地放在左腿上，身後邊還站了一大群人。可是，
在中國所造的塑像中，釋迦牟尼的面孔大多數不是黑的，不
是印度人的面孔，而是中國人的面孔，這是一點。第二點，
釋迦睡的方法及其手的姿勢雖然跟印度的一樣，但是，繞釋
迦睡像旁邊的人就不同了。在印度，大體是一些印度小國的
人，面孔是黑的；但是，在中國，這些人的面孔卻不是黑的。
這裡有很多是中國人的像，是中亞細亞一帶人的像，而最多
的是新疆吐魯番人，因而，不能說完全是從印度抄來的。第
三點，在一些畫像裡，不管是維摩問病也好，釋迦出家也好，
這些畫儘管基本相同（如釋迦出家做和尚，印度畫他從城裡
翻出來，中國也是這麼個畫法），但是，中國畫始終是線條
畫，印度畫始終用的是暈染法，不是線條。這個差別說明，

故事儘管是印度的，畫法卻是中國的。因此，我們說，敦煌藝術雖有印度的故事，印度的風格，但是，整個説來，還是中國化了的。

敦煌藝術的來源，我認為初期所有造像和圖畫，是從中國南方來的，到唐代以後，才摻上西方來的。這話怎麼講呢？漢明帝以後，中國同西方的交通，並不是從敦煌和玉門關這一帶出去的，主要的還是從福建泉州、廣西北海這一帶出去的，印度僧人到中國來也是從這地方來的。那些印度僧人到了南方，大量造像和畫畫，這在歷史上是史不絕書的。因而，敦煌初期的藝術品大抵是抄襲南方的，抄襲廣東的、泉州的、建康的、杭州的。中唐以後，中國同西方的交通，就是所謂的絲綢之路才打通了。這個打通，細細研究，可能在玄奘去印度取經之後。從玄奘到印度的故事看來，他所走過的路是非常艱苦的，絲綢之路的情況跟這不同，比這好得多。玄奘從長安到敦煌到玉門關，再出去，簡直不得了，要經過吐魯番一帶，火焰山在吐魯番，並不是真有火焰山，就是吐魯番那裡氣溫很高，那些到西方去的人走到這裡都支持不了，所以稱它為火焰山。我認為：是從南方到東方到洛陽，再到敦煌，這樣的路線去的。唐代中葉以後，這種藝術又是從印度進入新疆境內的，先到高昌（吐魯番），再到玉門到

敦煌。我有一篇文章，大體說敦煌佛教藝術是從南方去的，絕無可疑。為甚麼呢？張僧繇畫的佛畫，佛傳圖是中國畫釋迦牟尼生平事跡最早的東西之一，雖然早已亡佚了，但是，從歷史上我們是可以考證出來的。張僧繇是南朝梁人，這個東西成了中國繪畫的四大典型之一，是極有名的。第二個是曹仲達，是北齊時期的，他曾有好些畫在南方。以後北方也有畫家了，如董伯仁畫的白雀寺，就是在北方的，北齊有位畫家叫劉殺鬼，殺鬼就是把鬼都殺掉的意思，因為他善於畫鬼，鬼都怕他，這是傳說。他在大頂寺畫過畫。這時南方所有高僧都是從印度來的，從廣東來的最多，從廣東引進許多佛像，再到建康，再發展到杭州，再發展到洛陽，畫家多得不得了。釋迦的畫像乃至於塑像都有了。這一帶的大廟都是從南方向印度請進來的稿本。敦煌初期的東西，還比較粗野，沒有表現出線條的藝術，還是用塗染的方法做的，這說明北魏時期敦煌的藝術品是受南方影響的。南方的影響又是從印度來的，鳩摩羅什從後涼進來，他本是龜茲人，他帶進釋迦像和印度畫，大同和洛陽的造像越來越同敦煌接近。這時敦煌所有的造像、壁畫都同洛陽、麥積山、大同很接近。因而，漸漸變，變到唐代中葉，大量的佛教東西進來後，敦煌藝術變了。

　　這裡有個轉折點，即在唐代，印度東西大量進入中國以後，反而中國化了。由於西域（新疆一帶）藝術品同中原藝術品早已結合，所以，在敦煌藝術品中也顯現出是一種中國化的東西。極盛時期的敦煌藝術品是同犍陀羅有關係的，但是，它的基本方法仍然是線條畫，反而使犍陀羅式的畫少了。唐代同西方的貿易很繁榮，西方的商人、傳教士、讀書人，便把印度東西帶進來。印度有個大廟，叫阿旃達，它裡面的東西也傳到了中國。阿旃達這個廟子很奇怪，開始興建比敦煌早五百年，但是，進度很慢，它的建成卻比敦煌晚二百年。所以，阿旃達的藝術品到中國來也是遲的。前面講的從南方從東方傳來的並不是阿旃達的，大體是印度小國家的東西。阿旃達藝術到中國來是在唐以後，來了以後便中國化了。至於中國的東西是不是也影響到阿旃達呢，這個問題還沒有人搞，要待研究印度藝術的人給我們解決。關於中印藝術互相影響的問題，我另有一小段文章，所以，中印藝術的關係就說這一些。總而言之，中國藝術肯定有印度藝術的影響，不過方法還是中國的老方法。初期，中國人抄襲印度，北魏以後，慢慢改變了。現在從敦煌的本子裡可以看出，所有的圖片只要是北魏的，如釋迦說法圖就不是線條畫。以後越走越遠，這件事是非常有趣的，同中印交通有關係，現在

還解決不了。我們希望將來研究敦煌的同志有人去阿旃達，在那個大廟裡，研究三五年乃至十幾年，把那裡的藝術品搬過來，也把我們的藝術告訴印度同行：你們的阿旃達可能也有我們中國的東西。

還有一個問題可能不是藝術家所需要的，而研究歷史的人卻是需要的，就是敦煌藝術品裡，在唐以後，每個供養人像上面都有一個題銜，如曹元忠是敦煌王，後來封為歸義軍節度使，因此，只要是曹元忠畫像，都有個題銜——歸義軍節度使曹元忠。不僅是曹元忠這個領袖人物，就是其他供養人的畫像也有，每個畫像側邊都有個題記，寫上某某供養。某某者，把自己的身份說得清清楚楚，如她是曹元忠夫人，她是曹元忠大女兒，她嫁給誰，她是哪個國家嫁給曹家的，她同曹家的關係怎樣等等。這些材料，在中國正史上是沒有的，敦煌洞窟打開之後，研究者也沒有注意到。我開始注意，把所有題銜搜集下來，進行安排，分析他們之間的關係。哪兩個是夫婦關係，算第一級的；哪兩個是父子關係或者是母女關係，算第二級的；哪兩個是爺孫關係，算第三級的，一樣一樣地把他們安排起來。有的女子是于闐公主嫁過來的，有的是吐魯番的公主嫁過來的，也有的是曹家嫁給于闐或吐魯番或龜玆的，把這些東西一個個地料理清楚，寫成一篇文

章，名叫《曹氏世譜》。有一個很重要的問題，就是曹家為甚麼能在敦煌維持好幾百年，直到宋高宗時還有人同西域關係密切，甚至唐末大亂，新疆還那麼安定，肅州以外的少數民族對唐家和宋家沒有侵擾。這是個政治問題，其紐帶可能是曹家父子祖孫同西域諸國以婚姻關係聯繫起來的。在曹元忠之前的張議潮也是敦煌節度使，也以婚姻關係同西域諸國聯繫起來的。因此，最後結論是，不要把這件事看輕了，只是通婚而已，而要看到它的政治作用是很大的。

　　在中國歷史上，有一件事是非常有效的，那就是通婚。通婚之事，春秋戰國就有了，那時，周家子孫都要外人家姑娘，而那些非周家同姓的諸侯卻娶周家的姑娘為后妃，他們是拿婚姻關係作為政治輔助的。漢代也這樣，王昭君出塞是很有名的，唐代的公主一個個嫁出去也是很有名的，都是拿婚姻做聯繫，它在我們歷史上是一個策略。這個策略對於中國邊疆的鞏固，有很大作用。唐代不用說了，後來清代對西藏也是用婚姻聯繫的。清高宗為甚麼要找個香妃？婚姻關係啊！清代為甚麼把姑娘嫁給西藏大和尚？婚姻關係啊！張曹兩家的婚姻關係，詳細說是瑣碎的，可參見《曹氏世譜總表》。曹議金是曹家的始祖，有妻子三個：一個是索氏，一個是王氏，還有一個李氏。這些事情都同敦煌周圍的少數民

族有關係，例如李氏是回鶻公主，曹元深是她大兒子，其妻封譙郡夫人。曹元忠妻子翟氏也是西北少數民族。曹家也有許多女子嫁給少數民族。曹元端的長女就嫁給聖天可汗，他的次女是于闐皇后。很有趣的是，嫁給于闐的這個女兒的女兒，又是曹元忠侄兒的妻子。親戚關係密切得不得了。

關於敦煌藝術的總結：從文化史講，敦煌藝術是中國傳統藝術的一部分。中國傳統藝術經過殷墟發現的東西，一個人俑，一個石刻，青銅器的花紋，等等，都說明中國藝術的源流是很早的。殷周藝術並不是在殷周一下子冒出來的，而是經過若干年的演變，才到達這個階段的。可惜前面的演變找不到根據了，沒有材料了，只好等待考古的新發現了。殷周以前的藝術品民間的多一些，如陶器上的花紋，銅器上的花紋，都表明民間的愛好和風俗習慣。中國民間藝術，只有考古發現的東西，我們才能看見。戰國以後壁畫開始有了，塑像也開始有了，秦始皇陵的兵馬俑，藝術水平很高。壁畫在屈原的《天問》上已經講到了，到了漢代，從文、景、武以及昭、宣、元、成等皇帝的時期裡，都有畫像，畫麒麟閣，畫周公負成王的像，畫二十八功臣像，可惜都已亡佚。但是，考古發現的東西很多，如楊子山的磚畫，山東也有，四川也有，這些東西都是敦煌藝術的根源。所有敦煌藝術沒有一樣

不同中國傳統文化發生關係的。若是上邊這些話都不管，那麼，敦煌藝術的來源只好請印度幫忙了。即使這些東西都沒有了，但是，我們歷史文獻上是有的。敦煌全部藝術是同中國藝術一脈相承的。中國繪畫是以線條為基礎的，這個線條的根源就是中國文字，所以，有書畫同源的說法。敦煌畫也是以線條為基礎的，不過敦煌畫雖然以中國方法為主，但是，題材是從印度來的，這是不可否認的。敦煌早期的雕塑還有印度痕跡在，大概是從中國南方去的，因為唐代以前的雕塑是從廣東、泉州同印度發生關係的。唐以後有阿旃達的因素，不過基本上還是中國的東西。這就是敦煌藝術的來龍去脈。

第六講　敦煌卷子的研究方法

　　敦煌卷子的本來面目只看縮微膠捲，許多地方可能還要發生訛誤，因此，講一講，對於大家將來研讀縮微膠捲是會有幫助的。像這樣從卷子本身來搞，似乎還沒有人講過，內容很複雜，很瑣碎的。所以要分得細緻一點，一件一件地講。

　　(1) 卷子的數目。到底有好多數量，直到現在，還沒有辦法作出一個最精確的統計，許多卷子藏在其他國家的博物館、圖書館或者私人的手裡。因此，只能説個大概，約六七萬卷之數，可能還有二、三、四萬卷在外面，將來總數説不定在十萬卷左右。但是，所謂一卷，科學地講，應該包括一個問題或一部書，而敦煌卷子因為年代久遠，貼的扣子、黏的糨糊脱掉了，因此一個卷子可能分成二卷乃至十幾卷的。所以，現在説的卷數不是學術的卷數，而是具體形象的卷數，這是關於卷數的兩個不同含義。將來敦煌學發達了，都

能夠拼接起來，把十幾個小卷拼成一個大卷。那麼，數量就不會這麼多了。不過真正的科學卷數，現在根本不能說，至於一卷卷的數量，散在民間的，散在別的國家的還很多，我們也不能說準確。

（2）卷子本身的分類。大體說百分之九十以上是佛教經典，而且經、律、論三個部分都有了，其餘百分之五到百分之十的卷子大概是儒家經典、道家經典、歷史材料以及社會史料、民間契約等。儘管按它的內容來分，可能分成十類八類，不過簡單一點，可以分為兩類，即百分之九十以上的佛經為一類，其他的為另一類。這樣分法，現在編敦煌卷子目錄的人還沒有注意到。現在的目錄只是單純的編號，從伯希和、斯坦因的編號，乃至日本大谷光瑞的編號，都是拿起一個卷子就編一個號，並沒有分類，所以只是一個總目錄，就好像普通圖書館裡的登記目錄一樣。而要用他們的材料現在也只好用他們的編號，不過，希望將來做到每個卷子都能照學術的規範來歸類。現在可以先分佛經和佛經以外的卷子兩類，沒有辦法再細分了。

（3）從卷子外形看，大體有四種情況。一種是長卷，即很長的卷子，後面一頭有木頭做的軸，很多也沒有軸。到底是原來就有，還是脫了，後來再加上去的，我們都不知道。

長卷以佛教經典為最多，儒家經典沒有這個樣子，一個長卷往往包括一部書。第二種是裱背。這個術語是借用的，裱字畫的叫裱背裝，又叫裝裱。這裡講的裱背只是卷子背後糊上一層紙，現在叫「拓」一下。裱背有兩種情況。一種是原來就裱背的，唐代已形成風氣，凡是寫好東西，再拿來裱上一層，當時國家檔案室裡都有裱背工匠，敦煌廟子裡大概也有這種工匠，這種卷子比較考究。也有本來不是裱背，後人整理時裱上一層的。後人的裱背，會出問題，譬如 P. 2011 卷，原來是兩面寫的，沒有辦法裱背，假如有裱背，那是後人糊上去的，背面就無法看清楚了。劉半農先生的《敦煌掇瑣》錄了這個卷子，由於他沒有注意到這件事情，把它當成一面，所以，他的書裡就脫了一頁。因此我們研究敦煌卷子，卷子外形是很要考究的。我不知道現在的縮微膠捲，後人整理的裱背看不看得出來。假如把後人的裱背看成前人的東西，那就糟了，所以，這件事情，特別要在這裡重點講一講。第三種就是蝴蝶裝。蝴蝶裝是兩面寫的，這面寫好以後翻過來寫，就好像現在報紙兩面印的一樣。兩面寫的東西要裝訂成冊，就在中縫拿糨糊把這些貼上，翻起來一頁一頁的，好像蝴蝶一樣。蝴蝶裝有原裝的，也有後人裝的。這件事對於卷子本身沒有造成太大的差誤，雖然偶然間也會糊掉一行兩

行，但是，問題不太多，不像裱背那樣大。第四種是散頁，背後不裱糊，也不裝訂成冊，大體是旗幟、圖案、信件、收據和契約之類。這是特殊的東西，要說學術上的價值，好像比佛經、儒家經典要差得多，但是，在社會史上卻是很重要的。譬如說某農民從某個寺廟借了兩袋米，以後還一個毛驢或兩匹馬，我們就曉得這個價錢了。又譬如某家的一個兒子或姑娘，送給人家做丫頭或娃子，可以得好多錢等。這類契約多得不得了，可以看出唐代西北地區的民間風俗，是非常重要的社會史料。不僅如此，裡面還有許多同「外國人」（指當時所謂西域三十六國）交往的文書契約。譬如曹議金、曹元忠或張議潮的兒子娶哪個小國家的公主，開了一份嫁奩的賬單，記着送了哪些東西，這個禮物的價錢也是不得了的。這是一種社會風俗，最重要的。所以，散頁在敦煌卷子中是非常重要的材料。不過散頁失散太多，20 年代，我在北京讀書時，到書舖去，往往可以看到一小帖一小帖的散頁。契約而外，還有許多草稿，譬如某地塑一尊菩薩，畫一堵壁畫，要多少錢，由甚麼人出錢，甚麼人收錢，甚麼人來畫或塑，等等，清清楚楚的。要研究敦煌歷史，這個材料是不可少的。日本很重視這種材料，哪怕一張紙片，也細細研究，看有沒有用。譬如關於唐代官令品，據我所知，日本就有人寫了兩

萬多字的專論。

　　(4) 從卷子的內部格式看，稍許複雜一些。第一是紙幅大小，多數寬二十一厘米，高十九厘米，更寬的到二十四厘米，更小的到十六厘米，大體如此。紙幅大小與卷子有關，因為一個卷子不純用一種紙。紙幅大小，可能是由於紙的產地不同，其中以蜀紙為最多，洛陽紙其次，江浙紙則很少見。蜀紙寬一些，也高一些，質粗一點。洛陽紙很講究，往往送到長安再加工。紙色大體分黃、白兩種，黃的姑且叫熟紙，做法是把紙打上一層薄薄的蠟，有點透光，寫起來非常舒服。熟紙在敦煌卷子裡是講究的紙，用它寫的都是講究的經典，所以，《道德經》幾乎都是用這種紙寫的。第二是每張紙的字數、行數有約略的規格。一幅紙的行數，橫數大約是十九行到二十一行，不包括雙行夾注，每行大體十七個到十九個字。但是，草稿寫得密密麻麻，就統計不出來了。第三是有欄無欄。每紙都打有直行格子（很少有橫格，偶然也有四方格），邊欄比較粗，內欄比較細，也有一樣粗細的。考究一點都是邊欄粗內欄細的，不過沒有看見像宋以後刻書那樣的款式。現在的線裝書中間有魚口，底下有寫工名字，敦煌卷子只有欄。佛經甚至很少有欄，很散漫，字數也很不均勻。

　　(5) 卷子的字跡。分寫得好和寫得不好兩種，寫得好的

整潔得不得了，近百年來很多人學唐經，這就是所謂的寫經體。看筆勢，挑、捺用的可能是最尖銳的筆，唐筆現已不存，但是，現在日本筆是仿唐的。唐筆肥大，可是，挑、捺很尖，因此，有人說唐代抄書人的筆和寫書人的筆不一樣。字體以顏、柳、歐三體為最多，敦煌卷子在顏、柳、歐以前的楷體字寫得不好。雖然不好，但是，有點古色古香，保存着八分書的樣子。當然不排除唐人寫法，因為唐代是書法變化的一個轉折點。寫得不好的則壞得很，散頁更是潦草。可能是兵或道士寫的。草書極草，墨淡極，好像抹點口水寫的樣子。從而可以看出一種文化的成功有它那一套，寫得好要有好筆、好墨等等。還有一點是兩種寫法，一種是兩面寫，後面的第一行緊接前面的末行，第二張的第一行連接第一張後面的末行。單面寫的同紙質有關，紙大都蹩腳；也同內容有關，有的內容不太重視的，或者內容太多，如佛經，所以，寫法同當時的需要有關係。

　　(6) 卷子上的符號。大體有兩種，一種加在字的旁邊，另一種加在邊欄之外。後者主要是數目字，如韻書，把一東、二冬、三鍾的一、二、三等寫在欄外。前者寫在正文當中，如字書的反切上畫了圈，然後標字數。還有一種符號是墨點和朱點。墨的符號是寫時加上的，朱筆符號往往是校。譬如

某字錯了，拿朱筆點掉，重改一個。又如行數不清楚，拿朱筆在上頭點，一點為第一行，二點算第二行……還有修改的符號，或用墨，或用朱點掉，側邊再寫一個。標點符號雖然簡單，但是，已經有了。研究卷子，這也是比較重要的一件事情。譬如剛剛説的韻書，小韻的墨圈底下有反切，有數字，可以根據數字校有否漏字，或者反過來校數字是不是錯了。佛經也有許多符號，譬如講到釋迦牟尼往往要抬頭寫，有時忘記了，趕快打了符號。這種情況，其他經典裡沒有。還有用朱或墨來斷這句話或這一行的，譬如儒家經典的《詩經》，這個是哪一國風，就在《詩經》底下點一點，哪一國風下也點一點，是哪一篇底下點一點，哪一行底下點一點，於是《詩經》有好幾個點，對於分段，國風、二雅、三頌都點清楚了。這是當時抄書的習慣。還有種東西是給小孩讀的，譬如《爾雅》，有一個字一個意思的，也有兩個字一個意思的，給點了出來，因此，這種符號，在我們看來，可能是唐人的讀書方法，與對這書的認識有關，有助於校勘，可以作為今天研究整理的基礎。敦煌卷子裡點斷句讀這件事很少，不過有斷號了。寫到這裡要抬頭了，可是這個字剛剛寫到底，於是，在底字地方打了鈎，這就是斷號。偶然也有省略號，打上幾個點，但是很少見。符號問題比較重要、複雜，與整理工作很有關係。

　　(7) 校勘方法。校勘方法是整理古籍的基礎工作，如果日讀誤書，讀出來也是沒有用處的。敦煌卷子也有校勘問題，但是，與一般古籍校勘不同，拿一個底本同另一個本子對讎，是傳統的方法。但是，敦煌卷子不是如此，它不是交給研究卷子的人做的，而是交給抄書人做的。抄書人抄完以後，拿抄本與書核對，有錯字就改，嚴格地說，只能說是抄書人的核對工作。譬如寫錯一個字，抄書人一經發現，加以改正。現在辦法是塗掉或挖補，但是，卷子不能挖補，因為它往往兩面寫。也不知道塗的辦法，頂多在這個字的左肩打兩三個朱點，然後寫上改正的字。假如錯字太多，據我所見，可能重新寫一份，沒有像現在塗一個大墨釘的事情。如果只是兩三個字也就算了。為了不使行款弄得太髒，改正字寫得小一點，筆畫也細一點。這是添字添在側面的例子。如有倒字，有時用墨點，有時用朱點，就在當行改了，並不像後人那樣打了彎，像個「S」，不用勾勒符號，也不把改正字寫在眉上。另外，落掉一兩個字，往往就寫在當行的落掉這個字的稍下面，也不用彎彎的勾勒號。我們於是可以看出這個字是在上一個字的底下的，這是添字的辦法。一個兩個字是這樣，假如長篇掉了，就把紙倒轉來寫。從掉的那個字開始寫，補上以後，用勾勒辦法勾進去，從左邊掉下的這個字開始，

慢慢畫上去，畫到右邊下來。一兩字不用勾勒，多字可能用勾勒，超過一行以外，只好換紙，換紙也有兩種辦法：一種是整篇換掉，重新來過。這大概是兩面寫的卷子，如果單面寫的還有一個辦法，把錯的一行截掉，另外拿紙補上，補上的紙同截掉的紙一樣大，再留出一個單扣來，如此而已。所有錯字、掉字，用點的辦法，用勾勒辦法來區別，非常嚴格，在我所見的卷子中，沒有例外。還有一件也屬於校勘的，校勘完了，往往在邊欄外面寫一行小字，說明這一篇共有多少字，錯字幾個，掉字幾個。這也是嚴格遵守的。目的是讓得到這個卷子的人注意上面有幾個錯字，假如要重抄的話，得先改正再抄。所以，敦煌卷子裡面，看不見有真正大錯的字、大掉的字。還有一點，敦煌卷子是自家人抄的，我們講過的吳彩鸞寫韻書，一天一本，這本韻書在五萬字以上，就無所謂校勘了。遇到這種情況，只要看哪一個收藏的，而不是哪一個寫的。如《金光明最勝王經》，如果後邊寫是哪個廟子裡的寫生或者寫僧寫的，這是廟子裡寫的。如果沒有這一行，那就是他自己寫的。自己寫的，沒有校勘字，不是說沒有錯誤，大概是他自己明白就算了，這是一種。還有一種特殊的是小孩子學寫字時寫的，亂七八糟。我曾經看見一個卷子，是曹元忠七歲學字時寫的，有一行字「敦煌曹元忠寫，年七

歲」。這類東西等於廢紙，沒有所謂校勘。

（8）題銜。卷子寫完，後面有許多題銜：有的題哪個人寫的，有的題根據哪個本子寫的，有的題哪個廟子收藏的，有的題哪個私人收藏的，大體有這四種。卷子題銜有一個兩個三個，題多銜的一定是作者、譯者、抄的人和寫的人。另外還有題為甚麼抄的、寫的，往往後面有一小段話。譬如某家老婆婆為了兒媳生孩子許了願心，等到孩子生下來去還願，就找人抄一部經，送到廟子去，於是寫了一段小文章。這種題銜就多了，往往可以從中找到許多風俗習慣，其中以保佑病人快好為最多，其次，保佑媳婦生孩子也不少。還有保佑家裡人百事百順，這是空的，沒有實際對象，量最少。說明這類東西都是民間的，大富大貴的人不寫經求福，而是畫壁畫、塑菩薩求福，譬如張、曹兩家。普通老百姓即使有了幾個錢，也塑不起像，畫不起壁畫，就寫一個卷子。卷子內容以《金剛經》、《金光明最勝王經》為最多，因為這兩部經在佛經裡面，宗教意味最深，不是哲理意味最深。所以，求福的人大都寫這兩部經。寫經求福的人叫供養人，有的卷子寫了作者、譯者以後，最後是供養人的名字，可能還有某廟子收藏的字樣。敦煌卷子中有浙江廟子寫的經送來收藏的，可以看出當時佛教的流傳。所以，哪個廟子收藏也算題

衡的一種。對於研究工作，題衡是很重要的材料，譬如從作者可以看出卷子的年代，這是一點。寫經人是當時貧寒的讀書人，一輩子不只寫一個經，每個經都有年月日，假設從開元二年到大德五年，那麼，這個人是這個時期的人，我們可以借它斷定其他卷子的作者和時代，也可以了解某個時代裡，某些經典寫的人最多。研究卷子的年代是很重要的事情，所以我在自己的《敦煌學論文集》裡寫了三卷書：寫生名字、經生名字和寺廟名字，各自編成一卷。

(9) 卷子上的記時。讀敦煌卷子，往往一不細心，就把年代定錯了。譬如這個卷子原題開元二年寫，可以斷作開元二年。可是，翻到後面，又有大德 × 年的題衡，要是不細考，又會斷為大德 × 年。事實上卷子是開元二年寫的，而大德 × 年可能是收藏的人寫的，或者後人胡亂寫上的。唐代以開元、天寶最興盛，為了加重卷子的身價，本來是開元、天寶以後寫的，也造假寫上開元、天寶，價錢就賣貴了。因此，確定寫作年代，要細細地翻到底，最前面的年代是可靠的，最後面的往往是後人重寫的。考究的方法要看紙質、墨色、字體，等等，把若干因素綜合起來，才能確定。

關於年代還有一種情況，唐代皇帝的年號是一定的，尤其五代，大都短命，只有三年五年。可是，卷子經常有寫十

年八年的，這不一定作假。因為五代以後，敦煌與長安的關係經常斷絕，消息不靈，所以，唐家天子換了代還不知道，老百姓依然守着這個皇帝年號，把紀年拉長了。甚至到了宋代開寶，還在用五代年號。研究年代是很細緻的工作。有些研究者認為考證卷子年代沒有甚麼了不得，恍恍惚惚地就過去了。但是，認真的研究者是不恍惚的，英國捷爾恩寫的《敦煌卷子中有年代卷子的考證》，可供參考。

　　還有一點是造假，本事最大的是羅振玉，加上一個太宗年號，賣大價錢。他得了很多卷子，他是懂的，因此，日本的一個老內閣總理就上了大當。大概花五百多兩黃金買一個卷子。卷子並不假，就是年代假了。除了年代作假之外，還發現整個假的，不過是複製品，做得像真的一樣。這是一個法國人發現的，叫勃朗士，他有一個卷子，後來又有人送卷子賣給他，兩個卷子一對，是一個人寫的同一個東西。然後他用科學的辦法去對，送來的卷子是拿他自己保存的那個卷子複製的。紙是真的，抄的東西是假的。所以，辨真偽成了我們學術上一個最大的問題。偽的東西很多，要經過若干日子摸索才能弄清楚。譬如造假的人，墨就造不了假，現存最早的是明墨，沒有唐墨，唐墨用油煙做，現在墨用松煙，化學分析一下就分析出來了。我向有關領導部門建議：不僅卷

子要收齊，而且要有一套辨偽的方法。沒有這一套方法，也研究不好的。

（10）雙面寫與單面寫。二者差別很難說，大體講，佛經以雙面寫佔大多數，《道德經》以單面寫佔多數，儒家經典有雙面寫，也有單面寫，其餘史料二者都有。不過，也有原來單面寫變做雙面寫的，譬如《道德經》原來單面寫，後人因為背面沒有字，利用來寫草稿等，結果一面是唐人的，一面是宋人的，表面上是雙面，然而，絕對不是一個時代的東西。粗略的辨別辦法是看正面的末行與背面的是不是接頭，不接頭就是後加的。也有原來雙面寫的變成單面寫的東西，自從五代以後，民窮財盡，許多人把雙面寫的東西很巧妙地糊上一層薄紙，看不出單面還是雙面寫的。不過，也可以研究出來，唐、五代、宋的紙質是不相同的，唐紙很結實，宋紙比較鬆。總之，單面還是雙面是敦煌卷子裡經常使我們迷惑的事情，不過比上面那幾件，容易認識。單面變雙面，必有一面是假的，但是，後加的這一面往往在學術上有很重要價值。譬如佛經，後加的卻是社會史料，有一卷佛經，後加的是《張淮深傳》，此傳已經亡佚，這東西比原卷重要。事實上，後人寫的往往比原先單面重要。但是，有一種東西是亂的，如社會史料、契約、書信，有簡單的，有複雜的，兩面

都有價值。但是，小牘只真正一小片，大體單面多，往往是一種契約。小牘沒有單面雙面的糾紛。

（11）敦煌經卷的一些附錄。一個卷子，正文寫完之後，有一些附錄。它們與正文有絕大的關係，有許多是後人附上的，與正文毫無關係，就不能算作「附錄」了。所以，「附錄」指的是同經文有絕大關係的那些材料而言。這是要事先聲明的。有兩種卷子百分之九十以上有附錄，就是道經同佛經。其他儒家經典同社會史材料、歷史材料的卷子，不一定有附錄，或者是只有一小部分附錄，因此我這裡講的是《道德經》同佛教經典的主要附錄。但是附錄的內容是相當多的，其他的也有，也附帶着講一講。

《道德經》的後面，往往附有一個《十戒經》（《十戒經》是道家講戒律的一個重要而又簡單的經典），因為敦煌的《道德經》大致都是河上公本，河上公是道教的一個大師，他注的《道德經》錄上《十戒經》是很自然的。但是也有一卷兩卷王弼的注本，王弼注本就沒有《十戒經》了。所以附錄一定同正文有絕大的關係。這是一例。佛教經典幾乎百分之九十後面都附有這卷經的文字音義（注音和釋義），佛經音義這個東西是佛教到中國來之後一個必然有的而且最常見的。佛教有一個信念：讀錯了字，不僅僅沒有好處，而且要受罪過的。

譬如我們到靈隱寺去,看見的幾個大字:「南無阿彌陀佛」,假使我們讀「nán wú ā mí tuó fó」就讀錯了,要讀「ná mó ē mí tuó fó」,它的音義,要把「南無」兩個字讀成「ná mó」,不能讀「nán wú」了。諸如此類,每個佛教經典後面都有許多。音義在別的典籍裡用不用呢?在我們後人的民俗裡邊,或者是別的經典當中,也有讀同佛教經典一樣的音的,是受佛教經典的影響呢,還是中國原有的?就很難説了。因此佛經後面的音義,在學術上,尤其是講漢語音韻學,是重要的材料。到了唐代,有人把所有這些佛教經典後面的音義集成一個《一切經音義》,慧琳的《一切經音義》大體就是這些東西匯集起來的。對做佛教經典研究的人來説,這是一個重要的課題。佛教經典本身的教義是重要的,佛經的讀音方法,也是一個重要的東西。因為要是我們讀音不同的話,人家不曉得的,和尚不曉得的,所以,大概以後研究佛教經典的人,除了正文的研究而外,音義是要研究的。我曾經檢查過一兩卷佛經後面的音義,同我們現在所傳的慧琳《一切經音義》是不是相同呢?大體相同,但是還有差別。這是第二種。第三種範圍寬一點兒,不僅是道教、佛教經典,而且其他一切經典都有的,就是卷子的題記。所謂題記,就是説這個卷子為甚麼要寫,或者這個卷子是哪些人寫的,寫些甚麼東西。

題記有幾種，一種是發願文，內容是許一個願心和為甚麼許願。如為了病人快點好，為了求福，等等。它是有一定體式的：前面一定說我為了甚麼甚麼，現在發願，寫若干若干部經。這是一種。這種發願文，說明這個卷子是民間的人送進來的，不是出自和尚，不是來自寺廟的。當然偶爾也有管家發願的，也有闊人發願的。發願文只在道家經典、佛家經典裡面有，別的經典裡面沒有，儒家經典我們就沒有看見發願文。第二種是記事的文字。儒家經典有近於發願文的記事文，講我為甚麼要寫這個經，為了我把書讀好，為了要認識儒家的某個經典，我要寫個甚麼。儒家經典裡有這種記事文的是《孝經》這部書，我為了我的父母怎麼樣，寫若干卷《孝經》，記事文中有點發願的意思。另外還有一種，記這個經一共寫多少字，花了好多錢（寫明花了好多錢的，一定是發願文；不是發願的，和尚道士寫的，是不寫這件事情的）。第三種是前面談到過的題銜，寫明寫經、藏經、讀經、誦經的經生、寫生的名字。還有「大德」，即說是哪個大和尚的卷子，哪個廟子裡面的卷子。這也算附錄。還有一種東西我不敢斷定，因為牽涉到許多外國文字和兄弟民族的文字，我不懂呀。如吐火羅文、巴利文、摩尼文、突厥文、西藏文、西夏文，等等，都是附在卷子後面的。因為我不懂這些文字，

所以我沒辦法說。現在中央對這些文字非常重視，敦煌學會已經把這些東西分出來了。

（12）許多特殊的情況。這些特殊情況是我們認識敦煌卷子的很重要的一些事情，很重要的一些方法，因此我也在這地方附帶講講。問題相當多，大致列為三大類，第一大類是殘卷拼合的問題。有甚麼方法讓我們簡單地拼合呢？首先需要識別，希望卷子不要拼錯，第一件事情要搞清這個卷子是單面寫的還是雙面寫的。單面寫的當然只能拼在單面上，雙面寫的當然只能拼在雙面上。第二件事情，不管是單面寫的或者是雙面寫的，有沒有後人修改的痕跡，這個問題是很嚴重的。在單面上面的後人修改，我們很容易看出來，就算了。雙面的東西就很糟糕。到底是兩面都修改了還是只修改了一面呢？又是怎麼樣子修改的？一定要鬧清楚。這裡有一個很大的技術問題。譬如我手裡只有十個卷子，要把它們拼合完整，到哪裡去找它們的對象呢？所以一定要把所有的卷子都集中在一道，然後才能說得上拼合。這件事，不是我們單個在書房裡面所能做的。要靠國家的力量，把所有敦煌卷子收集起來放在一道，然後找十個八個人，坐下來定出許多條例，哪些哪些咋個拼合法。大家對這規律都熟悉了，卷子是擺在中間的，然後每個人抓住卷子就去找，就去查，要這

樣做。所以這個問題是技術上很複雜的問題，馬馬虎虎就拼不起來，拼不起來我們的研究工作就要落空。為甚麼呢？你拼不起來，有許多殘的東西是丟掉還是留着？留着是殘的，不單單殘的東西沒用，而且連那些大體完整的殘了一點的也沒用了。這種綴合工作是我們正式做研究工作之前的第一件事。這是一個問題。第二大類是殘斷，有些卷子不僅是拉爛了，扯成兩段、三段，而且是一個角落壞了，或者下半截壞了等等，這就叫做殘斷。殘斷的問題也很嚴重。一個卷子，即使扯爛了，扯成幾個卷子了，只要沒有殘斷，拼合還容易，有了殘斷，拼合就不容易了，因此要講一下。重要的有四點：一點是卷子紙面的殘斷，比如說一個卷子，本來是二十一厘米寬，現在殘斷了，有一行殘掉十厘米，有一行只殘掉五厘米，有一行只殘掉二三厘米，於是乎這個二十一厘米寬的卷子，有的只有半行，有的只有三分之二，有的只有三分之一，有的甚至四分之一，有的完全沒有了。這個殘斷的問題，是我們做研究工作的人所據以了解這些卷子全貌的基礎。這個基礎往往同我們做研究工作有極大的關係，要斷定某一行殘掉了幾個字，大概是幾個甚麼字，然後用校勘學的方法把它補上。但是殘斷的情況是很複雜的，有許多地方是中間殘了一個字，或者是蠹魚蠹了，或者中間三、四行之間都讓蠹

魚咬掉了，殘了一塊。在我們講起來，中間殘掉一塊似乎是不容易做，是很難的。事實上，據我的經驗，中間殘掉一塊是很容易做的。為甚麼呢？因為每一行的上下文還在，我們就拿它的原書來對一對，就對出來了，所以這是很容易的。最怕的是角落上殘掉一塊，或者幾行，要補就吃力了。所以殘斷的情況很值得我們注意。根據殘斷的情況，往往可以考見全書的字數，或者是前面的行數。比如我的《瀛涯敦煌韻輯》，就經常用這個辦法來斷定某個卷子，前面殘了幾行，大概殘了若干字；或者後面殘了幾行，大概殘了好多字，我往往利用這個東西來拼。比如有一個卷子，照它本身來講，這一頁應該保存某幾韻的字，但它已經殘了。到底殘了某幾韻？有多少字？我們現在的本子同它肯定對不起來的。於是乎我們首先要曉得這個卷子在歷史上是屬於哪個的卷子。比如說《瀛涯敦煌韻輯》裡頭，有的是屬於陸法言的原本，有的屬於長孫訥言本，有的屬於孫愐本，有的屬於王仁昫本，殘的這個東西到底是哪個的本子？我們要作出斷定，往往是根據後人所傳的本子，知道某人的書應該有幾百個字或者幾千個字，對照一下，這個卷子殘一百個字，不對，殘一百個字不是陸法言的本子，因為陸法言的卷子只有多少，這個殘得太多了。那麼是哪個的東西呢？是王仁昫的對不對呢？也

可能是對的，也可能不對。考來考去，我上面舉的四個人都不行，那麼可見得這個卷子還不是陸法言、長孫訥言、孫愐、王仁昫這些人的卷子，或者還要後面的。於是再找，會不會是李舟的？好了，找出來，果然和李舟的相合。因此，從殘了幾個字，殘了幾行，拼合起來就能了解這個卷子到底是哪個本子。這是有關殘斷的第二個重要問題。還有一個問題，有些是年代久了，受潮了，或者蟲傷鼠蝕，我們姑且歸為一類，叫做自然殘斷。還有是人為殘斷，人把它拉掉了一截。人為殘斷其實很簡單，比如說這個卷子是單面的，把它扯掉了一截寫別樣東西去了。這個我們容易知道，為甚麼呢？如果是單面的，背後一定寫着有他自己所需要的東西，一看就知道。頂頂怕的是自然殘斷，蟲傷鼠蝕是沒有意識的，不容易懂。認清它沒有甚麼太好的方法。只有敦煌卷子看得多了，翻得多了的人，可以看出來，一看就知道，這個是蟲傷鼠蝕，這個是人為的。等到你看出了蟲傷鼠蝕，是自然殘斷的話，我們就來找。因為敦煌卷子藏的時候不是一頁一頁地藏的，都是堆起來藏的。因此第一頁殘的是二行、三行、四行、五行，那麼底下一個卷子也一定的是二行、三行、四行、五行，有三四個卷子的殘痕是一樣的，我們把這三四個卷子的殘痕拼起來，於是就曉得，蟲傷鼠蝕一共傷了幾頁，

然後拿總共傷了幾頁來推斷。這一定要敦煌卷子看得多一點的人才能了解。但是現在我們的卷子都扯亂了，扯散了，譬如現在我們已經買了一套敦煌的縮微膠捲，是一張張照的，不會給你一疊一疊照呀，那我們拿這一張一張照片怎麼辦呢？這只有要求將來做研究工作的人把所有殘斷的東西先總的錄一次，這是我的一個建議。譬如說這個卷子是一、二、三、四、五行殘的，那個卷子是六、七、八、九、十行殘的，我們就把所有一、二、三、四、五行殘的放在一起，六、七、八、九、十行殘的放在一起，對起來看，看有沒有辦法。我想現在科學進步了，是會有辦法的，尤其是電腦出來了，放進去，殘了哪幾個，它立刻就可以告訴我們，哪些卷子殘了，哪些卷子是怎麼殘的。所以我們現在做研究工作，比我那時候在巴黎做研究工作是要方便得多了。這是科學進步，我們不能不感謝科學家。但是我們沒得這個東西怎麼辦呢？我們還是得辦的。還有譬如我們在杭州，只有一套縮微膠捲，怎麼辦呢？我們不能為了一個殘斷跑到北京去，把這些東西收集在一道，不可能的。所以，今天我還是講方法。凡殘斷的部分，是人為的殘斷，一看就看出來了，這些大概是單面的。可是有殘斷而為後人補者，失真者。有的殘斷了，可是得到這個卷子的人，把它拿一層紙糊上，補上一段，那糟了。他

補上的這一段與原來完全不搭界的。我們要不要承認它呢？當然我們不承認。但是拿甚麼來不承認呢？你曉得它是甚麼時候補上的呢？假使它是現在巴黎國家圖書館補的或是大英博物館補的，那我們可以看出來，不信它算了。萬一有唐末五代人補的，這個東西我們要斟酌的，可能唐末五代人補的時候是有作用的，它的作用在哪裡呢？補的時候一定是要找原件抄上去的，所以，在這殘斷當中，有一種本來是殘斷了，可是有一個補的痕跡，補上的東西已經抄好了的，這種殘斷我們很要留心。怎麼很要留心呢？就是補的東西仍然還是抄書的人——寫生補的，寫生儘管補上了，可是到底不是他自己的東西。非常負責的寫生有，但是也有拆爛污的寫生，他馬馬虎虎地隨便地補上一個，我們就曾經發現牛頭不對馬嘴的東西。這牛頭不對馬嘴的東西真害死人，我們花十天八天的時間找不出一行的關係來。所以我們不要以為殘斷的已經補好，就相信它，靠不住的。殘斷的東西已經補好了的，我們一定要核對一下，看他補的東西是不是和上下文合得上的，合不上的東西那糟糕得很。這是殘斷而已經後人補的，後人補着是真的。還有一種情況，殘斷是殘斷了，後人想保存，不讓它再壞下去，在後半段，或者紙的最前面，紙角上殘掉的地方，隨便扯一塊補上，這種補上比我們剛才說過的

中間隨便補一塊更糟糕。前後隨便扯一塊補上，我們一看，前面是這樣的，後面不對呀。這個問題也是很嚴重的，嚴重在甚麼地方呢？扯來補的那個卷子，差這一段了，這段東西不能沒有用的，可能很有用的。我們還要把這一段東西拿下來，歸到它的老家去，多一道手續。這是非常麻煩的。所以研究敦煌卷子一到細膩工作的時候，我們簡直拿它沒有辦法。不久前在杭州開道藏整理的會，要我參加，我去了，談了幾點。他們要搞道藏提要，我說很好，這事我非常贊成，不過希望你們注意一點，道藏裡邊也有像我剛才所說的那些現象，你們怎麼辦？他們說道藏刻本裡邊這種情況很少。我說你們可曉得敦煌卷子中有現在的道藏裡面沒有的，這些材料你們要不要？他們說要，而這些材料就要按我所講的整理卷子的方法去補。他們問我具體怎麼講，我就稍稍說了一下，儘管艱難，但是搞科研工作的人都有點戀頭戀腦的戀脾氣，你越難，我就非把你解決不可，花三年五年的時間解決一個小問題也可能的。我已經摸出一點線索來了，我把這點線索告訴大家，將來大家再繼續摸索時可以省點力。再補充一點：剛才講補足的人，有同時代的，有異代的，有的甚至隔得很遠，比如有唐代的人補六朝的卷子，這裡有了很好玩的事情，就是卷子上的字，各個時代有各個時代的作風的，

一看就看出來了，這是經過唐代人補過的六朝卷子。怎麼能看出來？就是六朝人字體書寫的方法同唐代人、五代人、宋人書寫方法不相同。我們在這裡邊發現，若干字是唐人寫經的常規，也就說明這個卷子是唐代人寫的，但是我們突然發現，這裡面還有些宋人寫經的常規，那我們就曉得，這是宋代人補過的。不僅字體各時代有差別，就是符號、標點、紙質也有差別。因此這個殘斷的事牽涉到一系列敦煌卷子的內容。是一個極其困難、沒有辦法了解的問題。這個事情我們下面大概還要講一講。

第三個問題，事實上是補充前面講的拼合。上面講的是遇着兩個卷子是一個卷子扯亂了的就把它拼起來，現在講過去已經有人拼合過了，這是無意識的拼合，這種情況在敦煌卷子中也是十分嚴重的。所以我們看敦煌卷子一定要從頭至尾細細地看，假使稍微馬虎一點，被五代、宋以後人拼合的東西弄錯了，這就根本上錯了。因為敦煌卷子是一張紙一張紙拼起來的，到某個時期糨糊脫了，就可能脫成兩卷，有些卷子脫了之後，後人隨便拿了東西拼上，成一個卷子。有的是無意識的拼合，有的也並不完全是無意識的，而是要拼成一個卷子去賣錢的。譬如有一個卷子，前面有一大段了，突然有一個小東西拼上，說明甚麼年代，甚麼人寫的，或者

是個甚麼重要經典，它是別的卷子上拉下來拼上去的，等於我們後人的字畫拼假，譬如浙江的趙孟頫的字，尤其是趙夫人的畫，就有人拼假的。一幅畫上面，有一個圖章，就算是肯定了，這是趙孟頫的，於是乎就把趙孟頫題款的地方割下來拼上，那個東西也成了趙孟頫的了。這種作假的拼合很討厭，模糊了我們對於卷子的認識。做研究工作的人真要細細地去摸索。我的經驗大概有幾點，從卷子的紙質、墨色、題款、行款各方面綜合起來，可以斷定的，不是說這件事情就無法辦了。譬如說這個卷子本來是唐代寫本，從唐以前寫本挖下一條，說隋代哪一個寫的拼在上面。假設我們能夠從紙質、墨色、書寫的方法，以及卷子的一切條件集合起來看，就可以判斷它是真是假。這個真假問題，對我們研究卷子來說關係太大了。譬如我曾經碰見過一個卷子，卷子上說的是唐代的官令，但是還有一段是唐代帝王的生卒年月，講某個帝王是哪天生，給他做生日，應該做哪些工作，殺幾個豬，殺幾個羊，如何如何。這兩個卷子本來沒有關係的，把它拼在一道，成問題了。到底唐代的官令正一品、正二品這個品同一等、二等這個等，跟帝王年代的關係怎麼樣？假設我們把這兩個卷子拼在一道來看的話，那麼譬如祭唐明皇，哪些人主祭，唐明皇生是哪一天，死是哪一天，哪些人在那裡祭，

哪些人可以做甚麼事情，這是有一定規格的，兩個東西一拼起來可就破壞了。於是我們看唐代的《百官志》，亂了，看不出來了。所以這種被後人亂拼的情況，我們應該注意，唐代以前的人亂拼的東西，也得注意的。因為唐代以前已經有拿幾個卷子來拼的風氣，大家都知道這個大和尚是甚麼時代的人，如果這個卷子是他的，價值不就更高了嗎？所以拼合的人就搞這種玩意兒。這種東西自從敦煌卷子發現以後，被古董商人造假的簡直不得了，古董商人會造假，怎麼造呢？比如偶然間一個卷子，背後有一半空紙，有一寸兩寸空紙，他就切下來，當做寶貝保存起來。他曉得這是唐代的，這是六朝的，於是把這些紙拼上，拼得天衣無縫，從紙質上面是看不出來的。所以假卷子頂要防備的是拼合。假卷子的拼合從五代就有了。唐代似乎也已經有了，不過很少。等到敦煌這個寶庫被發現，被古董商人搞着了之後，更不得了的多。因此我今天再一次提出這個拼合的問題來，說的是假拼合，不是我們前面講的拼合。這件事情很重要，我們在研究工作中常常碰見。譬如我們現在的縮微膠捲，我要是細細全部看過的話，可能會發現這麼幾卷是後人拼合的。但是這非有經驗不可。卷子看得多了，看了幾百卷幾千卷，摸出規律以後，可以看得出的。

　　第四個問題似乎極小，但是也是同認清卷子時代很有關係的一件事情；不僅如此，還是我們文化史上，尤其是書法史上面，與抄書的方法、書式等等有關係的一件事情。這就是敦煌卷子中隋、唐、宋人寫法的出入。這個出入當然是講書法，不講書的內容，書的內容上面講得已經很多了。六朝、唐代、五代、宋代有許多民間習慣，在卷子的書法裡邊表現了出來。譬如說，木字旁、才字旁、提手旁，這三個偏旁的字，在六朝的本子中，往往是相混的，大體都寫成「才」。木旁掉了一點，提手旁的一提不是底下挑上去的，而是上面撇下來的。於是乎到底是木字旁還是才字旁還是提手旁，我們鬧不清楚。這大概是六朝時候的通俗習慣。這種情況多了，就是隨便寫。比如「金」字，寫成完完全全的「全」字，把底下兩點丟了。金字旁同全字旁一樣，不過到後來也有點差別，就是最後一筆「全」字還是好好地寫成一橫，「金」字就寫成一挑。模糊一點的話，這一挑挑得很輕，也成了一橫，於是乎金旁的字、全旁的字相混了。這種情況多得不得了。省寫還有一種例子：「烏」字、「馬」字、「鳥」字，常常是不分的，也是唐代開始有的。這是書法的一種特殊現象：簡省。比如「蠶」字。上面是「兓」字頭，當中是「曰」字，底下是兩個「虫」字。六朝人很簡單，寫個「天」字，底下寫兩個「虫」

字，甚至底下寫一個「虫」字，也算是「蠶」。省體字在那個時候已經很多很多了。門窗的「門」字，三點一個鈎，等於我們寫「水」字四點，到了三點以後第四點一鈎，寫「門」字則兩點以後第三點一鈎。這也是唐代就已經開始了。唐代民間已經把草體字、省體字用進正式的寫經當中去了。我們可以看出哪一體字，是在哪一朝代才有的，可以根據這個判斷這個東西是哪個時候的。還有一種東西很討厭，叫做移植，左邊的東西放到右邊去寫了，上面的放到下面去寫了。移植的字，在真正的文字學裡邊，可能分成兩個字了，但是在敦煌卷子裡邊仍然是一個字。比如「物」字，先寫牛旁再寫「勿」，但是在敦煌卷子裡邊有先寫「勿」字，底下加了「牛」字的，也是「物」字。再如「概」字，現在是木旁加了「既」字，在敦煌唐人寫本裡邊，就有把「既」字寫在上面，「木」字寫在下面的。這也算移植。不僅如此，還有很多字有移植的痕跡。比如「猶」字，是反犬旁加「酋」，可是在唐人寫本裡邊，先寫酋字旁，後寫「犬」字。在「書經」裡邊這兩個字意思是不同的，反犬旁加「酋」的「猶」是虛助字，而酋旁加了「犬」字呢，是「猷，言也」（《爾雅·釋詁》）。但是在敦煌卷子中是不分的。譬如反犬旁加個「言」字，這是說狗叫的聲音，但是在敦煌卷子裡也有言旁加「犬」的。也讀為猺，犬聲猺

猞的「猞」。這都是移植。這些移植的字，同我們剛才説的省體字，在敦煌卷子裡都經常見到。再比如走字旁同寫個走之的「之」字相混，像遠近的「遠」，寫了走之的「之」，趙錢孫李的「趙」，也寫個「之」，於是「趙」變成「逍」了。雙人旁大體都寫成單人旁。「左」、「右」兩個字古寫「左」字一橫向左邊撇，「右」是一橫走右邊來，這兩個字也不分了。這一類的情況多得不得了，都同我們寫法習慣有關係的。這是值得我們研究的，比如説我們的草書，是魏晉以後才開始有的，王羲之的草書、王獻之的草書、衛夫人的草書，這些草書很多很多是我們現在這些簡體字的來源。比如剛才説的「門」字，三點一鈎，就是王羲之的字體。因此我們從省體字、移植字這些情況來看，可以判斷這個卷子是起於甚麼時候的。不過這個判斷很難確定，為甚麼很難確定呢？因為後人也仿照前人寫省體字嘛！省體字容易呀！所以我們現在寫「門」字也就是三點一鈎就完了，「蘭」花的「蘭」是兩點一橫底下三點一鈎，再寫一個「柬」字。又把「柬」字寫成「東」字，那更不得了了。所以拿這作確定卷子時代的絕對標準是不行的，不過至少可以推測上限。卷子裡邊沒有這些省體字，那麼這是很早的，有了這些省體字，最早早到甚麼時候，都大致有一個上下限的斷定，這是可以用的。這件事情我們搞敦煌卷子

的人往往不大注意。疏忽的結果是留了很大的痕跡在裡邊，讓細心工作的人看出很多笑話來。所以敦煌卷子的書法，也算是我們研究的一個重要事情。假使我們對於書法沒有一點兒認識的話，這是很討厭的。不過有一點，在敦煌卷子的字書、韻書（尤其是韻書）裡邊一個字底下往往會注上「正」或「俗」，說明某字是正字，某字是俗體。我的《瀛涯敦煌韻輯》裡每卷都有正俗字。關於這個問題我在做研究工作時已經注意到了，因為眼睛不好，正字俗字就列了一個表，成了四卷書。這個東西是我愛人幫我做的，叫《敦煌韻書中的正俗字譜》。根據我的這卷書來看，可以知道哪些字是唐代的人已經認為是俗字了，哪些字唐代的人還認為是正字，可用來印證唐以前各種書籍裡面的字體，到底是正的還是俗的，也可以看出後代簡體字的來源，古體字的來源。譬如我們現在寫禮樂制度的禮，示字旁一個豎橫鈎就完了，事實上是個中國的古字，漢代就有了，敦煌卷子中所有的「禮」字大體都這樣寫。「辭」字本來是「辭」字，半邊加個「辛」字，敦煌卷子寫成「辤」字，右邊加了「司」字，事實上一個是省體字，一個是借體字。但是在敦煌卷子裡往往混成一個字。這裡邊可以看出文字學上字形結構的變遷，所以這件事情不是一個簡單的問題，同其他學術的關係很大。讀歷史知道伏波將軍馬援

奏請定天下官印錯別字，他說城皋的「皋」字有人寫的是「白」字底下一個「犬」字，有人寫的是「白」字底下一個「本」字，有的寫的是「自」字，「自」字底下還有兩畫一個「十」字，他說城皋地方的縣官、武官同巡官，三個官的印章的「皋」字是不同的，請國家糾正天下官印的這個毛病。這說明我們的漢字，在漢代已經亂得不得了了。所以六朝以來的偽字、錯字多得不得了，我們現在刻圖章的人動輒說我刻的是漢印。事實上，說不準刻的是錯印，不是漢印。這一類情況同古書研究、古文字研究、書法研究都有關係。敦煌卷子剛好是關鍵，敦煌卷子以前的俗書、偽書、假書在敦煌卷子裡面都可以看見了。敦煌卷子以後所用的省體字在敦煌卷子裡也都找得出來了。這也是我們應該注意的事情，所以特別提出來講一講。

最後我講一點關於壁畫裡邊的文書材料。壁畫裡邊的文書材料過去講過一些，那是為了款式講的，為了歷史講的。今天講的是總結性的。敦煌壁畫裡也有些文書的材料，最多的是發願文，是當時的歷史材料。比如張淮深的傳，在敦煌的壁畫上寫着，哪個的題銜，甚麼官銜。有的寫着，哪個是哪個的兒子，哪個是哪個的丈夫，哪個是哪個的父親，哪個是哪個的舅子，哪個是哪個的岳父等等，也有寫着的。這些

題銜，往往是我們認識敦煌經卷的重要參考。譬如敦煌經卷裡邊說這個卷子是某個可汗的某個公主寫的，某個可汗、某個公主所收藏的。這某個可汗、某個公主在我們歷史上可能找得出來，但是大體找不出來，只有在敦煌題辭裡邊有。拿敦煌的題辭來證明歷史上的材料，就合起來了。證明卷子裡的材料，卷子也合得起來，敦煌的題銜有官爵、稱號、家庭關係以及家族關係、氏族關係。這些題銜當中，五代人佔十分之七八，宋代人佔十分之三四。這些題銜裡邊的資料拼合起來可以成大文章的。這些我們在講歷史的時候也已經說到了。今天的主要目的在說明文書的問題，經卷的問題，這些東西不能當經卷來看，但是可以同經卷有關係。譬如說有曹元忠夫婦出行圖、張議潮夫婦出行圖，這兩大幅畫裡邊，考見中國文化史、中國繪畫史、中國歷史的材料當然很多，而敦煌卷子裡邊的材料，也可以在裡邊看出來。敦煌卷子裡邊有許多材料說敦煌當時的河西走廊的社會、政治、經濟關係，我們找不出旁證來，而這兩幅大壁畫可以做我們文書的旁證。總結一句，就是說：敦煌壁畫有許多東西可以用來做敦煌文書的旁證，是最好的材料。我說一個笑話：一直到如今講人的幞頭，到底是個甚麼樣子不知道，可敦煌壁畫裡面的供養人，那些官戴的帽子就有幞頭的樣子，清清楚楚的。

敦煌女人化妝的情形我們講過一些，「蕊黃無限當山額」，很多人講不來。臉是「蕊黃」，像花蕊一樣的黃色，無限，了不得。當山，在眉山之間的額頭上。敦煌女人化妝的方法，就是在額頭上用黃色點一點，「蕊黃無限當山額」。這是壁畫可以證明詞集的例子。又譬如香爐，敬神的香爐有一個柄，燒起來，人拿着這個柄走，這個東西清宮裡還有，民間是沒有了，大廟子裡邊現在還可以勉強看見，但敦煌壁畫裡邊所有供養人男人家端的都是這個爐，清清楚楚的。所以敦煌壁畫裡面所有這一切文物制度的材料可以用來證明敦煌文書的是多得不得了的。這一個事情大家不要疏忽，不要說它是壁畫，就同我們沒有關係。我們研究敦煌文書的人往往要參考壁畫，因此我在這裡也順帶着交代一聲。

　　我的關於敦煌學的通論已經講完了，我想稍稍作一個大概的總結，也不過幾句話：敦煌的材料包羅萬象，壁畫的表現是最具體的，不過壁畫的表現呢，大體是以唐、五代、宋這個時候的社會風習為基礎，以那個時候的禮樂制度作基礎，而要真正了解中國全部文化，尤其是宋以前全部文化的話，要靠文書，文書裡邊錄有戰國以前的文書資料，戰國以後兩漢、魏晉南北朝的文書資料，這是很豐富的。我們現在研究古籍，離不開敦煌的資料，要研究中國文化史，也離不

開敦煌的資料，要研究民間的風俗習慣史也離不開敦煌的資料，我們要研究文字學、語言學乃至於繪畫學，乃至於上糧納草，都離不開敦煌資料。敦煌是中國歷史上正中間的一個轉折點，敦煌以前的東西我們可以從裡邊看出來，敦煌以後的東西我們在敦煌裡邊也找得出線索來。所以敦煌學在我們中國目前的情況來看，此後是必然要大大輝煌的。我雖然身體不好，也願意把這個工作做到底。

附錄：《敦煌——偉大的文化寶藏》（節錄）

一 敦煌簡史

敦煌是現在甘肅省西北邊接近新疆、寧夏、青海的一個縣。從蘭州西北行，過武威、張掖、酒泉，出嘉峪關，經玉門、安西兩縣，過瓜州舊城，而至敦煌。在它西邊不遠，便是玉門關。玉門關是因和闐的美玉從塔里木盆地輸入而得名的。出玉門關便是通西域——應說是古代中西交通的——南北二大道。這二道都在天山南麓：一從羅布淖爾沼澤，一從塔里木盆地向西。漢朝的絲織品從此道直可販賣到邊遠的羅馬東部敘利亞（中國史書稱之為大秦。後來推爾西屯等地向漢人學會了抽絲織綢的技術，歐洲才有絲）。紙也是從敦煌、玉門經吐魯番，過撒馬爾罕，經波斯而傳入歐洲的。

紙與人類文化的關係尤大。斯坦因在古長城的一個烽

燧中，得到八封用窣利文寫在紙上的書信，是粟特商人的私信。他把紙樣送到維也納馮·魏斯涅教授（Professor Von Wiesner），用顯微鏡考查化驗的結果，知道是用麻織物搗成漿，然後由漿造成紙。這正同漢和帝元興元年（公元 105 年）蔡倫發明的造紙法相同。斯氏又根據種種理由，斷定這是公元 2 世紀中葉的（詳見他的《西域考古圖記》*Serindia: Detailed Report of Exploration in Central Asia and Westernmost China.* Oxford, Clarendon Press. 1921）。上距蔡倫造紙才四五十年，這算是全世界最古的紙了！（在此以前瑞典斯文·赫定 Sven Hedin 在古樓蘭──今庫魯克河──也發現過紙，但據考察後，較此遲五十年，可參閱 August Couardy《斯文·赫定在樓蘭發現的中文寫本及其他零物》一文，*Die chinesischen und sonstigen Kleinfunde Sven Hedin in Lou-lan*）中國紙便是由粟特、康居等國的商人，帶到撒馬爾罕，而入歐洲（參閱姚士鰲《中國造紙術輸入歐洲考》，《輔仁學志》一卷一期）。又斯氏在敦煌也尋得三張漢代紙寫的殘卷，也斷定是公元 2 世紀寫成的（見沙畹 Éd.Chavannes 的《斯坦因東土耳其斯坦發現之中文文書》一文，*Les Documents Chinois, découverts par Aurel Stein dans les sables du Turkestan Oriental*），也是世界最古的紙，於是打破了歷來歐洲學人說的紙是阿拉伯人、德國

人或意大利人發明等等不實不盡的話。紙之輸入歐洲，也同絲差不多，都由商人循同一道路傳去的。

它是公元前 138 年（漢武帝建元三年癸卯。一說是在公元前 126 年，是武帝元朔三年乙卯。此乃歸年），及公元前 115 年（漢武帝元鼎二年丙寅）張騫初通西域的大道，也是公元前 104 年（漢武帝太初元年丁丑）貳師將軍李廣利攻破大宛的大道，也是公元前 2 年（漢哀帝元壽元年己未）印度佛教經大月氏入中國的要道，也是公元 629 年（唐太宗貞觀三年己丑）到印度十七年後取經回國的慈恩大師玄奘往來的要道，也是馬可・波羅通過羅布沙漠西去的大道。

敦煌在歷史上擔過不少的任務；是邊防重地，是交通重心，文化交流的場所，尤其在唐代是最為輝煌的時期；做了中西交通的樞紐，宗教繁興的聖城，文化極盛的都市。

因其為交通的要道，而一出玉門關，便是漢人的所謂「三十六國」，算中國——應說中亞細亞——民族集居最複雜的地方。所以在治世則為四方輻輳之地，文物大盛；在動亂的時代又為有關邊防的重鎮。所以其興廢，其變遷，也最劇烈。稍讀歷史的人，莫不知之。

現在的敦煌縣是在北緯四十一度，東經九十四度七左右。氣候寒冷，每年平均有五個月冰凍。每年十月結冰，三

月末解凍。雨量極少，高到九十五點四毫升，低到八點六毫升。多風，以西南風為最多，秋季西南風及東北風各半。氣溫最高攝氏四十四點一度，常在每年七八月之間；最低零下二十四度，在每年的十二月、一月。風沙是非常大的，當西南風起時，對面數尺，不見人影。

疏勒河橫過敦煌的北面，經玉門關，集為哈拉湖。但與敦煌關係最大——應說與莫高窟千佛洞關係最大的是黨河，在敦煌以南，千佛洞的陽面，灌溉敦煌的田。此外更重要的還有一條正在千佛洞下面經過的大泉，也是千佛洞飲水的來源。這條河溝寬約二十丈，自南而北，流入沙漠，潛入地中去了。溝的東岸，高約十丈，西岸高由一丈至二十餘丈不等。名震世界的石室，即是在西岸的崖壁上鑿出的。

從嘉峪關西出，是一個大平原，即關外三縣之所在：玉門、安西、敦煌。敦煌縣城近祁連山脈；在敦煌縣南的三危山，也屬祁連山脈。三危山更西南，去縣約十里，有鳴沙山，高二十餘丈，長約五十里。人馬從山上流下，沙與沙相激，發出轟鳴聲，故名鳴沙山。

敦煌的歷史，應從春秋時說起。春秋以前西北的地史文獻不曾說到。兩周金文，只有天水以東，還能彷彿。甲骨文則尚未見岐山以西的材料，何況皋蘭以西了！《禹貢》的流

沙、三危罷，似乎是，其實亦非。此處不多說了。

敦煌本古瓜州之地，又名陸渾，春秋時秦的屬地，原是羌、戎居地。

《左傳》昭九年：「先王居檮杌於四裔以御螭魅，故允姓之奸，居於瓜州。」杜預注：「瓜州，今敦煌。」(按《漢書‧地理志》敦煌郡敦煌縣下云：「杜林以為古瓜州地，生美瓜。」則杜預說，即本杜林也。)又襄十四年：「將執戎子駒支，范宣子親數諸朝曰：『來，姜戎氏，昔秦人迫逐乃祖吾離於瓜州……』對曰：『昔秦人負恃其眾，貪於土地，逐我諸戎，惠公蠲其大德，謂我諸戎，是四岳之裔胄也。』」杜注：「四岳之後，皆姜姓，又別為允姓。瓜州地在今敦煌。」按上二段的故事，即是僖公二十二年的「秋，秦、晉遷陸渾之戎於伊川」。杜注「允姓之戎，居陸渾，在秦、晉西北，二國誘而徙之」一事。又疏云：「陸渾是敦煌地名。《漢書‧地理志》弘農郡陸渾縣下云：『秦、晉遷陸渾之戎於此。』」(秦、晉二字原作「春秋」，依王先謙說改)又《漢書‧地理志》下：「秦地西有金城、武威、張掖、酒泉、敦煌。」

戰國時先為月氏所在。後月氏為烏孫所攻西竄，又為烏孫所在地。

漢初，成為匈奴昆邪王、休屠王地(見《漢書‧地理

志》）。至漢「武帝攘之」（《地志》），元狩二年（公元前 121 年）初置武威、酒泉二郡。元鼎六年（公元前 111 年），分置張掖、敦煌二郡，統縣六：敦煌、冥安、效谷、淵泉、廣至、龍勒，戶萬一千二百，口三萬八千三百三十五。敦煌又為縣治。王莽時改敦煌郡為敦德郡，縣亦改名敦德亭（莽初改敦煌為文德，見《漢簡》王靜安先生跋十一）。後漢仍復前漢之舊，《後漢書·郡國志》敦煌郡云：

> 敦煌郡六城：戶七百四十八，口二萬九千一百七十。敦煌，古瓜州，出美瓜。冥安。效谷。拼泉。廣至。龍勒，有玉門關。

典午之世，敦煌一郡，領縣十二為最大，視漢且倍之。隋領縣三：

> 敦煌郡統縣三：敦煌、常樂、玉門。……戶七千七百七十九。

到唐則屬沙州。《新唐書·地理志》：

> 沙州敦煌郡……縣二：敦煌、壽昌。……戶四千

二百六十五，口萬六千二百五十。〔按：敦煌縣南有
鳴沙，故曰沙州。《敦煌錄》云：「州（沙州）南有莫高
窟，去州二十五里。」又《莫高窟記》：「沙州在東南
二十五里三危山西。」是唐之沙州，去千佛洞二十五
里，在千佛洞西北。疑今佛爺廟一帶，即沙州縣地也。
又前涼州張駿於敦煌置沙州因此。又壽昌即漢之龍勒
縣，即今敦煌西南之南湖店也。〕

郡治為最小。至宋中葉以後，為西夏所據。明代閉關不與西
域交通。一直要到清，西路才通，又成為清人往新疆的要道。

　　在唐天寶時，敦煌一縣，實有十三鄉，即敦煌、洪池、
懸泉、莫高、神沙、龍勒、玉關、洪閏、效谷、從化、壽昌、
平康、慈惠（見 P. 2738 卷及 P. 2803 卷。按 P. 2728 卷，十鄉
有赤心而無洪池、懸泉、從化、壽昌），則古縣已淪為鄉鎮
者多矣。其時寺廟蓋極興盛，據 P. 2738 卷有龍興寺、大雲
寺、報恩寺、靈修寺、聖光寺、乾元寺、淨土寺、開元寺、
永安寺、安國寺、大口寺、普光寺、金光明寺、靈圖寺、連
寺、周家蘭若、官嫂蘭若、安淳于蘭若、北欣（？）……保
蘭若、樂家蘭若等。參與經卷題記中所有寺名，大約可信，
可見當時佛教之盛云。

　　由敦煌寫本中，又可得知唐時敦煌有十二或二十個風
景區，為詩人所歌頌。P. 2748 卷的後面，有一卷《沙州敦煌
二十詠》。其二十處為：三危山、白龍堆、莫高窟、貳師泉、
渥窪池天馬、陽關戍、水精堂、玉女泉、瑟瑟監、李廟、貞
女台、安城襖、墨池、半壁樹、三攢草、賀拔堂、望京門、
相似樹、鑿壁井、分流泉。其時為大中四年。

　　宋以後與本書關係少，不再去説了。

二　敦煌學

(一) 莫高窟經卷的發現

　　莫高窟的地勢，南高而北低，現在的南首岩根處，別有
寺院，名為上寺。上寺之北為中寺 (上中兩寺原為一寺，後
分為二)。在北頭將盡的佛洞處，又一寺院，名為下寺。上
寺、中寺均為喇嘛住處，下寺為道士住處。

　　據莫高窟所發現的材料推知，宋時西夏之亂，千佛洞下
寺僧人，欲避亂他鄉，便把經卷佛像雜書等，藏在下寺旁石
窟主群北頭相近處的一個大洞，就是張大千氏的編號一五一
洞。這個大洞原是唐大中五年沙門洪誓所建的。現在後面有
三層樓閣，洞本身作「T」狀，為莫高窟常見形式。甬道口寬

一丈二尺七寸,長二丈二尺八寸,高約二丈。入內大洞長五丈二尺,寬四丈九尺,高約三丈。由洞口至內二丈二尺,為平地,係燒香禮佛跪拜周旋之地。其後三丈為神龕,龕高一尺三寸,長二丈六尺,寬二丈。台左右前後有五尺寬走道,可以左右出入。

在此大洞甬道之北,距地三尺處,有一寬二尺五寸、高約四尺之甬道,後即一複洞,洞長寬均為九尺五寸,邊高六尺五寸,中高九尺三寸。洞內四壁皆畫,一幅畫男女像各一,其衣飾極為別緻,為千佛洞中極罕見之作品。由色彩形狀,知為唐畫。從前裝滿的經卷佛像等,現在是空無所有了。大概在宋時下寺僧眾將經卷藏入後,用土基將複洞門塞閉,外以泥塗,再加粉畫,就現存殘形觀之,是宋畫無疑。

自宋時封閉後,逃避的僧人,大概一去不復回,後人也不復知有此複洞,更不知複洞中有這樣多而且精的不世之寶。一直留到光緒二十五年的四月,讓一個庸俗不堪的王道士來打開。

王道士名元籙,是湖北麻城人,初在肅州巡防軍為卒,退伍後無事可做,遂做了道士。來到敦煌,窮無所藏,投宿於一百四十三窟。此時的莫高窟寺院,多為紅教喇嘛,誦的是番經,獨王元籙能誦道經,作中原語,以是人多求他禮懺,

生涯漸漸好起來，因雇一楊某寫經。楊某就一百五十一窟甬道間置一案，背壁坐。抄經之暇，吸旱煙，以茇茇草燃火，常以燃餘之草插壁間裂縫中。一日吸煙餘草稍長，仍插其處，乃深入不可止。以手擊壁，其聲中空，疑有他因，告王道士。王道士夜半與楊某擊破其壁，則內有一門，高不足容人，用泥塊封塞，把泥塊去掉，則為一小甬道，入內為一複洞，較外大洞為小，約一丈左右（實為九尺），有白布包等無數，充塞其中，裝置極整齊，每一白布包，裹經十卷，復有佛幡繡像等，則平鋪於白布包下。光緒三十三年《重修三層樓功德碑》（其實是木牌）云：「二十六年掘得複洞，內藏釋典充宇，銅像盈座。側有碑云：唐大中五年沙門洪立。」所記藏物，尚有銅像盈座，現在我們已不能知道這些銅像的去處了（據《王道士墓誌》，是光緒二十五年事）。

　　窟藏發現後，王道士延城中官紳來觀，紳士們不知其可貴，都說這些佛經流傳在外，是造孽有罪的，囑咐他仍還置窟內。

　　當時的敦煌縣長名汪宗瀚，字栗庵，是湖北人。他對古物有相當認識，因從王道士處，取去若干寫經及畫像。後三年，光緒二十八年，蘇州葉昌熾作甘肅學台，葉對古物有特好，託汪宗瀚搜求，汪遂以宋乾德六年水月觀音像，寫經卷

子本，梵葉本各二，送給昌熾（見《語石》卷一第二十九頁）。昌熾遂建議甘肅的藩台衙門，將此古物運省垣保存，但估計運費要五六千兩銀子，無由籌得，乃於光緒三十年三月，令敦煌縣長汪宗瀚「檢點經卷畫像，仍為封存」。王道士用磚來砌斷了這座寶庫。

(二) 經卷的盜劫與清政府的拾遺

王道士人頗有機智，自敦煌士紳對此寶物不加重視後，他曾載着一箱經卷，到酒泉去獻給安肅道道台滿洲人廷棟，廷棟以為這種經卷的書法，還不如他自己的字，頗為輕視，王道士又碰壁而歸。

當時嘉峪關的稅務司是個比利時籍的帝國主義分子，他將回國，來向廷棟辭行，廷棟把經卷一部分贈送了他。這個比利時人，到新疆後，又將所得卷子，分贈給在新疆的長庚將軍（亦滿洲人）及道台潘某，並且說出得自敦煌的情形。這時新疆的帝國主義分子，已在傳說敦煌的藝術品了。

當時受英帝國主義印度政府之命，潛入新疆勘察，名義上是「考古」的匈牙利人斯坦因（Sir Aurel Stein），正是第二次到新疆之時，聽見了敦煌發見寫得有古外國文字的寫本書籍，於是他決定來敦煌。

　　斯坦因對敦煌一地，本來不陌生。原本他有個同鄉朋友，匈牙利地質調查所所長洛克齊（Professor de Loczy）曾潛入甘肅作地質學探險的間諜活動，他在 1879 年（光緒五年）曾到過敦煌，參觀過千佛洞，曾把石室中的美麗的壁畫與塑像，同斯坦因講過，斯坦因受了這些鼓動，在 1907 年的 2 月，即石室藏經發現後的第八年，向敦煌出發，先到長城一帶，搜求了一些木簡（詳後）。到 5 月 21 日，在那荒涼寂寞的郊野，紮下了他的帳篷，準備作長時期的耽擱。他開始打聽這古代寫本的消息，先由一小和尚借一長卷給他看，他訪求到藏經的石洞，已被磚封斷。也見到發現古寫本的王道士，但他發現他的對手「極其機警，不可捉摸」。這個帝國主義的文化間諜於是用金錢來利誘王道士，但勝不過王道士對宗教的情感，與激於眾怒的畏懼。

　　後來這個狡猾的帝國主義分子又耍出一種手段來，他利用玄奘到印度取經的故事，及他如何循着玄奘的足跡，從印度橫越過峻嶺高山，荒漠大野，才來到此的經過，再加上些半神性的話，欺着了王道士。又經過他那從新疆帶來的師爺，標準奴才的蔣某的折衝，花了一大筆錢，於是他的詭計得售，結果是王道士把門打開了，這個文化間諜從道士所掌的微暗的油燈中，發現了高達十呎的亂堆約有五百方呎這樣

多的寶藏，再從洞中起出幾捆，到新建的佛堂中，用簾幕遮着，以防外人。有高達一呎，長至二十碼以上，全部保存甚佳，大概與初入藏時無甚差異。紙質堅韌的卷子，一捆一捆地由王道士抱了出來，於是有用梵文寫的，有土耳其斯坦佛教徒用來翻譯佛經的各種方言寫的佛經，也有印度波羅謎字寫的，中亞細亞各種文字寫的，及各種方言寫的其他宗教經典與文書雜件之屬。又有一大捆用無色堅韌的畫布包着的古畫（畫在絹上或布上、紙上的），印有美麗花卉的許多絹綢（裝飾用的），畫有美麗佛像、稀薄透光的絹幡。顏色調和，鮮豔如新。又有紙畫，同雕版印刷品、人物畫絹、印花織物、地氈、絲織物、繡的佛像，以及各種裝飾用的絲織品，大批中國字寫的佛經、儒家經典、字書、韻書、《老子》、咸通九年的印本、摩尼等宗教經典，及與各種宗教有關的紙片。還有大概是西藏人帶來的藏文佛經。到了半夜，由這位蔣師爺自己抱着一大捆卷子，送到了帳篷。如是者連運了七夜之久。三個人都保守秘密，不讓別人知道。運來的東西，愈來愈重，至於不能用車輛載運。由於反動的封建政權昏蒙顢頇，以及王道士的貪財盜賣，這個帝國主義強盜竟滿掠了我們的國寶，揚長而去。

　　十六個月後，所有滿裝寫本的二十四口箱子，另外還有

五口內裡仔細裝滿了畫、繡品以及其他同樣美術上的遺物箱籠，全都運到倫敦放入不列顛博物院裡。當我於 1937 年春天參觀不列顛博物院時，這批寶物，被揚揚得意地在院中高高掛着，不能不令人忿忿於這個人類不光明的劫奪！斯坦因是第一個劫走敦煌寶藏的人，我們在本書裡，選刊了他所劫去的各種藝術品與寫本書若干幅，願讀者深深認識這些帝國主義強盜們的劫奪行為。這一次他的盜竊行為的供狀，是他寫的《西域考古圖記》(*Serindia: Detailed Report of Exploration in Central Asia and Westernmost China*, volumes V. Oxford. Clarendon Press, 1921) 一書，書畫詳目，皆見此書，更附上一部標本選刊的《千佛洞圖錄》(*The Thousand Buddhas*)。

　　這個帝國主義強盜，在 1914 年又來我國做第三次的罪惡活動，再一次到了敦煌。他在新疆沿途已收到了不少的石室散出的卷子。到敦煌後，又施用他利誘的故技，從王道士手中弄去了五大箱六百多卷佛經。

　　斯坦因在 1909 年回到倫敦後，在許多專家的幫助下，整理了這一批材料，小翟理斯 L. Giles 為之編目——到 1914 年先編成，名曰 *British Museum Guide to an Exhibition of Paintings, Manuscripts, and other Archeological Object Collected by Sir Aurel Stein*, K. C. I. E. in Chinese Turkestan, London。其中大

部分的佛經，據日本學者矢吹慶輝禪師（Rev. K. Yabuki）的研究，其中很多為前人載籍所未著錄及佚失的著作（這個目錄，羅福萇曾譯過一部分，載北大《國學季刊》第一卷。向達氏有《倫敦所藏敦煌卷子往眼目錄》，載《圖書季刊》復刊一號、四號，亦可參考）。他在整理了這批材料後，得了如下的結論：

（1）關於寫本內容的豐富，是解釋自漢以來敦煌一隅之所以能成為各區域各民族以及各種信仰很重要的交流地方的重要資料。這許多經卷，又足以證明千佛洞以及曾為聖地的敦煌沙漠田的宗教生活，大都由中國僧侶主持。

（2）關於歷史地理以及其他方面的中國學問的殘篇，為以前所不知道的，也還不少。有好幾百篇文書，對於當地的生活狀態、寺院組織之類，可以顯示若干光明。這些記錄，自古以來未留給我們。

又在這些文書中，曾發現有咸通九年（868年）刻本的一卷經卷，是現知雕版書最古的一個標本。從其扉頁上的畫面所表現的完美的技術看來，可見印刷術在這以前已經過一個長期的發展。

此外還有關於各種宗教，在中古時期，在中國流行的情形。各種中亞細亞許多古代文書的發現，西藏文書的發現，

及印度文書的發現，從這些文書中，對史地學、語言學上的重要，他說他對此事的簡單敘述，也就足以為從黃海到亞得里亞海的一種民族和語言的奇異遺物作一個結束。「東方、南方、西方這三方的奇異的連鎖，在亞洲的交匯點，即是敦煌。」其他我們將分別在下面去詳述。

關於斯坦因所劫去的經卷，現全部藏於不列顛博物院，全數當不下七千卷。至於所得敦煌壁畫畫幡之屬，則絕大部分存於印度新德里中亞細亞古代文物博物院（New-Delhi Central Asia Antiquities Museum）。安德魯士（F. H. Andrews）所編之 *Cataloque of Wallpaintings from Ancient Shrines in Central Asia and Sistan* 及韋來氏（A. Waley）所編之 *A Catalogue of Paintings Recovered from Tun-huang by Sir A. Stein Preserved in the Sub-department of Oriental Prints and Drawing in the B.M. and in the M.of Central Asian Antiquities* 二書敘述甚詳，可參考。

當斯坦因所劫這一批贓物到達倫敦後，他在皇家地理學會作了一次報告，立刻震撼了整個歐洲的學術界。這時法國的漢學家，劫奪的野心，也不後於英帝國主義者。正在向遠東進行中的伯希和（Paul Pelliot），也在不久以後，趕到了敦煌，住在中寺。一方面和王道士打交道，行賄購買經卷，大

部分時間是到下寺來選擇經卷；其餘的時間，便和探險隊中的團員 Charles Nouette 把全部莫高窟石洞中的塑像與壁畫偷照了相，這便是他後來編輯，陸續刊行，到 1924 年，才在巴黎出齊的《敦煌圖錄》(*Les Grottes de Touen-Hauang*)，共有三百七十五張照片，共分六集，用珂羅版印成，這要算目前所有關於敦煌壁畫塑像保存最早而又最完齊的畫錄了。有許多我們現在已見不到了，因為又遭到了攝影以後人為的毀損。

伯希和對漢學很有修養，所知極多，他誘賄王道士在剩餘的混亂堆中，選拔了一些中文寫本，還有一些他認為在語言學上、考古學上，以及其他方面特別有趣的中文寫本，以價一個元寶（重約五十兩）一捆，選購了一千五百多卷，掠運巴黎，藏入國立圖書館寫本部。我在 1935 年，曾去翻閱過近千卷，也攝製了些儒家經典、韻書、字書、《老子》卷子，並抄錄了些有關文學、史地的卷子，校錄了所有的儒家、道家經典，真是美不勝收的祖國文化的寶庫啊！連在倫敦所抄得的，輯為《瀛涯敦煌韻輯》、《敦煌經籍校錄》與《雜錄》諸書。又伯希和所得的繪畫之屬，則另庋藏於巴黎之集美 Musée Guimet（佛畫佛像）及盧浮宮 Musée du Louvre（版畫繡帛工藝品繪畫之類）兩博物館。

1909 年，伯希和把這一千五百卷的寶物，運着從北京回

巴黎，北京已傳遍他帶去許多重要的中文寫本，當時羅振玉等人，都得看見一部分。清政府才正式為此消息所撼動，然後才動公事追查。

　　大概在伯希和走後，王道士把許多他認為可貴的經，裝成了兩木桶，名為「轉經桶」，其餘仍堆集洞中。至此清學部才正式撥款庫平六千兩，命令敦煌縣知縣陳澤，盡其所有，一律搜買，護解省垣，其經桶原封未動，陳澤去點查一次，共計經六千卷，解省送京，移藏部立京師圖書館，入錄之本，計八千六百九十七號。民國十八年，移交北平圖書館，整理編目，又增殘葉一千一百九十二號，共九千八百八十九號，佛經凡四百四十餘種，古佚經疏約數十卷，皆罕觀之籍。又有晉、魏寫本百數十卷，書法古拙，紙質堅韌，尤為可寶。其他經典與現在刊本頗多出入，可資校勘考證。即卷頭紙背所書之日常賬目，交易契約，鄙俚歌詞之屬，在昔視為無足輕重，今皆矜為有關掌故者亦不少（陳垣《敦煌劫餘錄》序）。到民國十八年春，陳垣氏應偽中央研究院歷史語言研究所之請，將八千六百九十七卷編為《敦煌劫餘錄》，義寧陳寅恪先生為之序，中國藏經既匯於一所，而也有了完具的目錄，是研究敦煌學的一大工具。但這一批劫餘的卷子內容，百分之九十九是佛經，原因是圖像器物之屬，及中亞古代語言，及

其他古文寫經，已大半為斯坦因、伯希和兩個帝國主義分子劫去，以及捷足者所先得。其遺留者，又因當時甘肅運京途中，為黠者所巧取。故最後所餘，是被中外一切巧取豪奪分子劫竊之餘的殘品。然而就是這一點點殘品，它所保留給學術界的遺產，已有如上所陳的可貴。民國十三年夏，北京人士，曾有敦煌經籍輯存會之設，登報徵求目錄，欲彙編成一個總目，迄未見成，這是很可惜的。

這一次的運省送京，並未搬完，大概是王道士的花樣。所以到斯坦因 1914 年第二次重到敦煌，又由王道士手中買去五六百卷，可以推知。大概此時王道士所弄的玄虛，即所謂「轉經桶」，已被人識破。所以從宣統三年，民國元年、三年、八年，都查詢過這一事的下落，然而始終不明不白，敷衍了事。不過洞中仍有餘經的事，也漸為人所知，而且新疆一帶，也不時還有人向外國人兜售這種物品。其中還有一大批藏文佛經。所以到了民國八年，甘肅省政府教育廳令敦煌知縣，「將該項番字經卷，悉數運送來省，交由省圖書館保存」。並派人到敦煌察看，將洞門挖開，餘存番字佛經卷子，點驗封存於該寺三層樓南面二層石洞中，計成捆者竟九十四捆，共四百零五斤；夾板成打者，共十一打，連板共一千七百四十四斤。仍存石窟九十捆，共計四百四十一斤

半。其餘四捆，及夾板十一打，移置勸學所內。除由察看人帶省一捆四斤夾板一打六十六斤，保存甘肅圖書館外，其餘三捆十五斤四兩，十打一千五百八十四斤，永久保存於該處勸學所。這算是一次比較詳細的察看。從此算是掃數移存國家機關，王道士不能再賣，也再無人盜買了。這是敦煌經卷在國內入藏的情形（但民國三十幾年，有人到敦煌去，又在原藏一洞的大木櫃中，見有藏文寫經數十卷，不知是從前所遺，抑封存被掘，不得而知）。

當英、法帝國主義者掠奪了敦煌寶藏之後，日本帝國主義者的文化間諜也插手進來肆行盜劫。1902 年至 1904 年，日本大谷光瑞及其弟子橘瑞超，第三次在塔里木盆地、吐魯番及敦煌沿阿拉善山脈東行入戈壁，得有佛教經典、史料、西域語文書、繪畫、雕刻、染織物、古錢等。佛典中之晉元康六年之《諸佛要集經》，西涼初之《法華經》，及善導大師《阿彌陀經》，共掠去四百多卷，寫有目錄，詳記其卷第，尾題印記。其印記有報恩寺、淨土寺、三界寺。其經文已印入《二樂叢書》。這批書以佛經為最多。羅振玉氏曾借錄其目而印行之。大谷著有《西域考古圖譜》，亦可助參考。

又繼橘瑞超而往者，有吉川小一郎，亦攜歸百餘卷，其目尚未見。但他們編的《大正大藏經》，已把這些佛經材料，

連英、法所能得者，都已摘要錄入。

德國帝國主義分子勒考克（A von Le Coq）也跟蹤進行罪惡的盜竊活動，四次到新疆「考古」，劫去者以美術品為最多。他的自供，寫成了《中亞美術及文化史圖集》（*Bilderatlas zur Kunst und Kultuigeschichte Mittel-Asiens*, Berlin, 1925）。

最可惡的劫奪者，要算美帝國主義者哈佛大學福格藝術博物館（Fogg Art Museum）東方部主任華爾納（L. Warner）在1923年來華，盜走了唐代觀音塑像及壁畫。據常書鴻氏云：「據不完全的統計，1924年（按，1924應作1923）華爾納在千佛洞用膠布黏去與毀損的初盛唐石窟壁畫，據敦煌文物研究所編號第320，321，328，329，331，335，372各窟壁畫二十六方，共計三萬二千零六平方公分。其中初唐畫有漢武帝遣博望侯張騫使西域迎金佛等，有關民族歷史與中國佛教史重要故事內容的壁畫多幅，及328窟通高一百二十公分盛唐最優美的半跪式觀音彩塑等數尊。這批臟物，現藏美國劍橋費城伐格博物館。」（按：應作哈佛大學福格藝術博物館）《文物參考資料》二卷一期，共有王遜、傅振倫等三文，記述此事。

按華爾納還自己寫了一本等於自供狀的書，名《在中國漫長的古道上》（*The Long Old Road in China*）。

(三) 敦煌漢簡的發現

莫高窟經藏的發現，與莫高、榆林、西千佛等窟的塑像壁畫等，同等有文化上的極高價值。這些東西，都在敦煌的南或東的地帶，以三危山為中心。但敦煌自漢以來，已是西北重鎮，從考古學上的材料來説，還應有其他文物。

現在我再來報告一件也非常重要的文書，也要算在敦煌縣境內發現的，而發現的也正是那第一個劫取敦煌古文物的斯坦因。這是甚麼？就是名震世界的漢簡！

原來中國紙張的發明，雖則早在漢代，然而邊地的始用，是較遲一點的。紙發明以前的文書，都寫在竹簡、木牘之上，所以近世紀來在西北一帶的考古事業中，往往發現簡牘，有的是屬於漢的，有的是屬於晉以後的。但斯坦因這次在敦煌發現而劫去的，則是漢代遺留在邊牆上的簡牘，所以稱為漢簡。

當斯坦因第二次到西北考古，聽見敦煌有古物，從新疆由東向敦煌進行之時，進入了玉門關後，在疏勒河——敦煌境北的河流終點河床旁邊三哩之遙，他發現了一座碉樓遺址，又發現了橫過低地的一道城牆，從疏勒河向東，至少有十六哩之長，沒有間斷。從這牆的遺址的外形、本質，及附近的遺物，他斷定這是古長城。他在這個城闕牆頂葦稈捆

中，發現了一塊小絹，又得到五彩畫絹殘片、殘木片，以及上書中國字「魯丁氏布一匹」的小木片。他斷定這許是漢代的東西。後來他調查這個斷續的牆，直抵額濟納河，全長達四百哩以上，正是與中國載記相合的長城。

他又在近碉樓的小屋遺址的垃圾堆裡，找出許多中國字的木簡，這些有字的小木片上，有許多是有年代的。這些年代，都是在公元後第一世紀。這裡的邊牆遺址，在前漢時候便已為人據有。這些寫本文書，是中國最古的寫本，是無疑的了！後來由他的蔣師爺，把這些木簡弄得更明白，其內容差別很大，有關軍事統治簡單的報告和命令，收到器械給養一類物件的呈報，私人的通信，還有學校字書，以及書法練習一類的殘片。

這些雜片，就文書的觀點來看，其年代很雜亂。薄片最普通的形式是大約有九吋半長，四分之一到半吋寬。每一行所寫中國字，常有三十個以上，可見當時流行書法之異常乾淨。所用的材料，除光滑細緻的木片或竹片外，並還有本地出產甚多而比較粗糙的紅柳樹，不大正式的通信，便用此種材料，截成無定的形式，用來抄寫，當然是很好的。屯戍絕域的兵士，顯然以此消遣時日。

木簡上面有許多刮削的痕跡，可見其來源不易，價值昂

貴，於是一片之木，用了又用。從圍繞着遠戍絕漠的那些衛士的狹道的垃圾堆裡，所找出的雜亂遺物中，及研讀木簡的結果，所示屯戍的將士，大半是犯了罪的，因而遠役絕塞。

又在防守長城西頭的一座碉樓附近，得到一大塊有字木簡，上面有太始三年（公元前 94 年）的年號。據簡上說，當地名為大煎部。還有一片是太始元年。在一切碉樓裡，他都得到遺物。但最多的要算長城線後面二哩多，大概是個支部小驛站。在這室內得到的木簡，大概是官員們用的，其中一片的年月，是宣帝地節二年（公元前 68 年）五月十日。

在這遺址的斜坡上的垃圾堆裡，僅僅一方哩的地上，得到有字的木簡三百片以上，應當是這位小官員的全部檔案，是屬於宣帝元康元年至五鳳二年（公元前 65 年至前 56 年）間的東西。這些文書，有的只是重錄或稱引關於在敦煌地帶建立屯田區域，以及建造亭障或城牆以保邊的一些詔諭。此外是沿長城線軍隊的組織，各個不同的隊名。也有關於長城及其他各部分、各烽燧的報告同命令。有些文書說到「士官」名稱，證明此地兵籍中，亦有非中國人的夷兵。還有一段作為符節用的，上書古撒馬爾干同布哈拉通行的古利語的木簡。還有許多片上書元康三年（公元前 63 年）、神爵三年（公元前 59 年）、五鳳元年（公元前 57 年）諸年的精美曆書，及

一段中國有名的小學書——《急就章》。

在古玉門關東五哩左右的一個遺址內，牆角處得了一堆木簡，簡上說到從敦煌沙漠田輸送糧食以及儲備衣服等物。

所有這幾百件木簡的解釋，在斯坦因的《西域考古圖記》一書中，有詳細的記載。而每一片木簡上文句的解釋，及其有關史地的考證，據我所知，有法國漢學家沙畹博士的《考釋》一書，在 1913 年印行於倫敦（沙畹釋竹簡之作，先見於斯坦因第一次報告附錄中「Ancient Khotan」，pp.521-547, Appendix A.-Chinese Document from The Sites of Dandan Uiliq, Niya and Endera, translated and annotated by Ed. Chavannes）。而王國維、羅振玉兩人，又為之重行考訂，成《流沙墜簡》一書。

除了這些木簡外，同時同地斯坦因還得了些其他古物，此處也有附帶介紹的必要。

1. 最早的紙

斯坦因在長城的一段烽燧塵封堆集的室中，發現了八封乾乾淨淨用古窣利文字體寫在紙上的書函，有些用絹包裹，有些用繩纏着，是一些中亞一帶商人到中國以後發回的私人通信。他們顯然喜歡用新發明的紙作書寫材料，而不喜用中國人所墨守的木簡。

2. 絹

又在一座烽燧遺址上，他得到一段古代的絹，上書漢字同婆羅謎文。這是古代絹繒貿易的孑遺，絹頭子上備具產地及每一匹的大小重量。

3. 雜軍用器

他在一個烽燧遺址中，找到一個束紮着的小盒，中置帶破乾殘羽的銅箭鏃一枚。用同近代軍事術語相合的當時公文語氣來說，是「破箭一支，歸庫，另易新者」。古長城所得文書中，記及換發新弩，歸還敝損者甚多。他又在城牆及烽燧附近，拾得許多青銅箭鏃。還有一個盒子上面有一塊木簡，寫明「玉門顯明燧蠻兵銅鏃百完」。還有一個小箱，箱蓋上寫明「顯明燧藥函」，這是軍用藥箱，可以見古代行軍及醫藥一斑。

4. 雜器

還有他又得到一件量器，形同鞋匠足尺，上刻漢代尺度。又有一些木印盒，上有小槽排列的形式，可以用繩縛住。

其他的雜物還多，此處不盡載了。

所有這些木簡雜器物，論地點都屬於敦煌範圍以內。以時間說，又下接魏、晉、六朝，都是同一類型的文化所孕育。應當算入「敦煌學」一個課題之內去。然後漢以來的文化去

路有所承受,六朝以來的文化來源有所承襲。所以在此特用專章詳述它一番。

總結以上莫高窟、榆林、西千佛等的造型藝術,一五一洞的經典寫本,古長城一帶的古寫木竹簡,這些全部寶物,組成了「敦煌學」的內容。

這個內容是豐富而有光彩的。它包括了北中國兩千年的文化發展、民族興衰,也交織着一切與西北民族,乃至印度、歐洲民族的關係,說明中西交通的情形,文化傳播的大概。而其具體內容所表現的是我們祖先的輝煌的藝術文化的成就,吸收類化外來文化的能力,及其民族的一切偉大的發現、偉大的創作,藝術、宗教、哲學、人文科學、自然科學的精金美玉,無處不表現我們民族的先進的事跡,不在一切民族之下。它的一切創作發現,幾無一件不影響全人類的幸福生活,正是我們值得驕傲的,也是我們值得發揚光大的一筆遺產。我們要踏着敦煌的基石,建設我們的光輝美滿的社會。從另一方面說,也要在了解和鑽研敦煌學的過程中,把過去百年中帝國主義侵入後我們民族所受到的自卑感的影響完全消除掉,恢復民族的自信心。敦煌古典文化的一切,正是值得我們深深學習的。

姜亮夫

1902–1995，原名寅清，以字行，雲南昭通人，語言學家、敦煌學家。1926 年入清華大學國學研究院學習，師從王國維、梁啟超、陳寅恪。1935 年自費遊學巴黎，專心抄錄英、法所藏敦煌寫卷。曾任復旦大學、雲南大學、杭州大學教授，杭州大學古籍研究所所長，中國敦煌吐魯番學會會長，中國訓詁學會顧問。生平著述宏富，著有《文學概論講述》、《屈原賦校注》、《陸機年譜》、《中國聲韻學》、《古文字學》、《敦煌學概論》等，有《姜亮夫全集》（24 卷）行世。

本書根據作者 1983 年課堂錄音整理，編者未作任何修改，以保存作者原義。

責任編輯	梅 林	
書籍設計	彭若東	
責任校對	江蓉甫	
排　　版	周　榮	
印　　務	馮政光	

書　　名	敦煌學概論	
叢 書 名	文史中國	
作　　者	姜亮夫	
出　　版	香港中和出版有限公司 Hong Kong Open Page Publishing Co., Ltd. 香港北角英皇道499號北角工業大廈18樓 http://www.hkopenpage.com http://www.facebook.com/hkopenpage http://weibo.com/hkopenpage Email: info@hkopenpage.com	
香港發行	香港聯合書刊物流有限公司 香港新界大埔汀麗路36號3字樓	
印　　刷	中華商務彩色印刷有限公司 香港新界大埔汀麗路36號中華商務印刷大廈	
版　　次	2020年5月香港第1版第1次印刷	
規　　格	32開（128mm × 188mm）192面	
國際書號	ISBN 978-988-8694-40-2 © 2020 Hong Kong Open Page Publishing Co., Ltd. Published in Hong Kong